NOTICE BIOGRAPHIQUE

SUR

SŒUR DAMIEN

NOTICE SUR LA VIE ET LA MORT

DE

SŒUR DAMIEN

ASSISTANTE DE LA R. M. SUPÉRIEURE GÉNÉRALE

SOUVENIR

AUX

RELIGIEUSES DE LA PROVIDENCE

DE LANGRES

LANGRES

IMPRIMERIE ET LIBRAIRIE RALLET-BIDEAUD

3, rue de l'Homme-Sauvage, 3

1888

AUX RELIGIEUSES

—

Mes Chères Sœurs,

Un grand nombre d'entre vous ont désiré posséder un souvenir de la très regrettée sœur Damien, et quelques unes ont écrit pour demander les détails de sa dernière maladie et de ses derniers moments. Déjà la *Semaine religieuse* du diocèse vous a donné l'allocution prononcée aux obsèques de la chère défunte ; vous pouvez, avec ce canevas, rassembler vos souvenirs et vous faire à vous-mêmes la plus précieuse des notices parce qu'elle sera gravée dans votre mémoire, imprimée dans votre cœur. Mais si cela peut suffire à plusieurs, la plupart souhaitent davantage.

La vie de sœur Damien renferme des traits

connus seulement de ceux qui ont vécu auprès d'elle ; il importe de ne pas laisser tomber ces enseignements dans l'oubli. Il faudrait que cette vie passée dans la plus complète régularité, dans l'accomplissement de tous les devoirs religieux fût connue jusque dans ses moindres circonstances par toutes les Sœurs de la Providence. Elles auraient ainsi deux volumes de leur sainte règle : le premier, celui des constitutions indiquant les devoirs de la religieuse ; le second, la vie de sœur Damien montrant comment on les met en pratique.

Voilà ce qui a donné à vos supérieurs et à votre serviteur l'idée de composer cette notice qui vous est presque exclusivement destinée.

Ce ne sera en effet qu'une *Notice* et parce que la discrétion nous fera souvent passer sous silence des circonstances et des faits édifiants, et parce que nous nous sommes imposé comme règle de prudence dans tout ce travail de ne mettre en scène que le moins possible des personnes encore vivantes. Nous éviterons même souvent de prononcer leur nom.

Malgré ces suppressions, votre piété filiale saura trouver dans le court exposé des vertus de votre Mère assistante un portrait que vous aimerez à contempler et à reproduire. Vous pourrez verser encore une larme devant le tableau de ses dernières souffrances et pleurer la perte qu'a faite votre chère Communauté; mais en même temps votre foi vous fera regarder comme précieuse la mort de celle que Dieu vous avait donnée comme modèle et qu'il vous donne aujourd'hui, nous osons l'espérer, comme une protectrice dans le Ciel.

Aurai-je répondu à votre attente? L'accueil que vous avez fait au projet a été si enthousiaste de votre part, Mes chères Sœurs, que je crains d'être resté bien au-dessous de ce que vous êtes en droit d'exiger; mais je compte sur votre charité qui saura fermer les yeux sur les défauts de mon travail pour ne considérer que le but à atteindre, l'imitation des vertus de sœur Damien dans votre conduite de chaque jour.

Daigne Notre-Seigneur bénir notre commune entreprise pour sa plus grande gloire et la sanctification de nos âmes.

G. C.

NOTICE BIOGRAPHIQUE

SUR

SŒUR DAMIEN

Assistante de la R. M. Supérieure générale
des Religieuses de la Providence de Langres

I

SON ENFANCE, SA JEUNESSE, SON NOVICIAT, SA PRISE D'HABIT, SON PLACEMENT A CHAUMONT.

Félicie Colin, celle qui devait être sœur Damien, naquit le 10 janvier 1822 à Bouzancourt, canton de Doulevant, Haute-Marne, de Joseph Colin et de Marguerite Bouland. Ses parents jouissaient d'une honorabilité irréprochable et d'une excellente réputation ; mais on ne peut pas dire qu'ils étaient d'excellents chrétiens pour le temps où ils vivaient. Aussi, l'éducation première de leur enfant tendait-elle à en faire plutôt une bonne ouvrière qu'une jeune fille pieuse.

Avec un tempérament ardent, une gaîté expansive, une vigueur remarquable dès l'enfance, elle s'adonna de bonne heure aux travaux des champs, aux amusements et même à la légèreté de son âge. Sous ce dernier rapport, c'était un « petit sac à diable » j'emprunte cette expression au jugement qu'a. porté d'elle une de ses amies d'enfance. Ne nous étonnons pas de ces dispositions, elles ne sont point rares parmi les élus de Dieu à la vie religieuse : les natures les plus vives sont souvent les plus généreuses pour le sacrifice.

En 1833 la paroisse de Bouzancourt reçut pour pasteur Monsieur Mouillet, plus tard curé de Dommartin-le-St-Père, et décédé en 1876, retiré à Autigny-le-Petit. C'était un homme de Dieu, il discerna bien vite les qualités précieuses de Félicie à travers les défauts et les saillies de son caractère. Il l'avait au catéchisme depuis un an quand il lui fit faire une confession générale et l'initia à la pratique de l'oraison mentale. Comme les autres enfants, elle se confessait tous les mois ; mais alors pour elle, ce n'était pas simplement un devoir du catéchisme, c'était une action grave et sainte. Elle n'y recevait pas ordinairement l'absolution, mais elle s'ouvrait entièrement de ses fautes et rendait compte des détails de sa conduite pour recevoir des avis de direction spirituelle comme une grande personne.

Après un an de tels exercices, elle arrive au grand jour de la première communion. C'était en 1835, elle avait treize ans accomplis. Quel bonheur pour cette âme adolescente de s'unir à ce Jésus qu'elle aimait déjà si ardemment et si tendrement. Plus âgée que ne le sont aujourd'hui les petites filles que l'on admet à la première communion, elle en comprenait mieux l'importance, elle en savourait plus délicieusement les douceurs. Son âme plus candide encore à treize ans que ne le sont celles de nos enfants de dix à douze pouvait se donner au bon Jésus sans arrière pensée, avec un complet détachement de ce qu'elle appelait les « mauvaises habitudes de son enfance. »

Ce qu'elle appelait aussi sa « conversion » apparut alors aux yeux de tous. A partir de cette époque, elle se fit remarquer par la régularité et la sagesse de sa conduite. Elle faisait la sainte communion tous les dimanches, et à mesure qu'elle avançait en âge elle s'efforçait de manger plus souvent ce pain des forts et de boire à la coupe de l'Eucharistie le vin qui fait germer les vierges. On ne peut dire avec quelle ingénieuse adresse elle trouvait au milieu des occupations les plus absorbantes le temps de sa préparation prochaine aux sacrements. « Aimez, dit St Augustin, et faites ce que vous voulez. » L'amour de Jésus, voilà tout le secret de sa merveilleuse adresse. Elle était toute bonne, toute dévouée pour ses compagnes, n'en disant jamais le moindre mal. Avec quelques unes plus intimes, elle s'entretenait volontiers de l'amour de Dieu et du mépris du monde. Celles-ci pouvaient bien soupçonner son désir d'entrer en religion ; mais la plupart de ses compatriotes l'ignoraient complètement. Car autant sa vie intérieure la rapprochait de la vie religieuse, autant ses occupations extérieures paraissaient l'en éloigner. Quand on parlait ces dernières années des lois sur les bouilleurs de crus, elle aimait à rappeler le temps où elle-même distillait l'eau-de-vie pour sès parents et pour diverses personnes de Bouzancourt. C'était un gros ouvrage pour une jeune fille, mais sa constitution le supportait aussi facilement que les autres travaux de la campagne. Elle était donc la cheville ouvrière de la maison, tout lui passait par les mains, on pouvait la croire indispensable à ses parents.

Un autre obstacle encore s'opposait à son départ. Employée de jeune âge aux travaux matériels, son instruction primaire avait été singulièrement négligée. La Providence divine pourvut à cette lacune Monsieur le curé de Bouzancourt exigeait de temps en temps des rédactions d'instruction religieuse, et il corrigeait même au point de vue grammatical celles de Félicie, ce qui suffit à compléter en elle les notions qu'elle avait à l'état d'ébauche seulement, depuis qu'elle avait quitté l'école.

La volonté de Dieu n'étant plus douteuse ni pour elle ni pour son zélé et pieux Directeur, elle entendit enfin cette voix surnaturelle qui a fait tant de saints : « Celui qui aime son père et sa mère plus que moi, n'est pas digne de moi... Celui qui aura quitté son père, sa mère, ses frères, ses sœurs à cause de moi, recevra le centuple en ce monde et possédera la vie éternelle en l'autre. » Cette voix pour Félicie était une impulsion forte, douce, pressante à laquelle elle ne pouvait plus résister sans s'exposer à perdre son âme qu'elle voulait sauver à tout prix.

Lorsqu'elle s'ouvrit de son dessein à ses parents, tout était prêt pour le dernier sacrifice. Elle partit sans retard quoique le moment de la rentrée, ne fût pas encore arrivé parce qu'elle craignait de succomber devant les scènes déchirantes qu'elle aurait à subir dans la suite. Quel coup terrible en effet pour son père et sa mère ! quelle émotion dans le village ! quels brisements de cœur pour la jeune postulante !

Si ces lignes tombent sous les yeux de chrétiens qui n'ont pas la foi assez éclairée pour comprendre comment on doit répondre à l'appel de Dieu sous peine de damnation éternelle, damnation en face de laquelle les misères de ce monde ne doivent compter pour rien, qu'ils ferment les yeux sur la page que nous écrivons, elle renferme le récit d'un évènement qu'ils ne sauraient approuver.

Le père Joseph Colin fut tellement affecté du départ de sa fille qu'il perdit la raison peu de temps après. Son idée fixe était sa chère Félicie. Il y avait deux ans que la séparation était faite quand un jour il quitte Bouzancourt sans provisions, sans argent et vient à Chaumont où sa fille se trouvait alors ; il déjeune à l'Ecu, puis, quand il s'agit de payer, il ne peut donner un sou. On le presse, on ne s'aperçoit pas du dérangement de son cerveau, on le prend pour un escroc. Comme il proteste de son honnêteté, on lui prend sa chemise en gage, on ne lui laisse que sa blouse et son pantalon. Avec bien de la peine il obtient qu'on le mène chez les Sœurs, il y arriva dans ce triste état. Alors il prend son enfant dans ses bras en s'écriant : « Félicie, ma pauvre Félicie!... » Il ne peut proférer d'autres paroles. Quel coup pour la jeune sœur ! elle lève les yeux au ciel, pense à Jésus crucifié, presse son père contre son cœur et de ce cœur part un trait vers le cœur transpercé de Jésus. Sa prière dans cette étreinte, au milieu de cette angoisse, fut aussitôt exaucée. Son père se calma, reçut les soins que son état réclamait et reprit paisiblement le chemin de Bouzancourt. Cette entrevue fut la dernière du père et de sa fille bien aimée, il mourut peu après, et Monseigneur Parisis ne permit pas à la jeune

1*

sœur d'assister à ses obsèques, pour éviter le renouvellement d'émotions qui n'eussent été profitables à personne.

Le chagrin qui tue les hommes, fait, dit-on, vivre les femmes. C'est que depuis le péché originel c'est leur partage à elles. Elles en ont donc l'expérience plus complète ; et, d'ailleurs, chez elles la piété étant plus ardente, la résignation est plus facile. C'est ce qui explique comment madame Colin, assez faible de santé pourtant, supporta mieux que son mari la douleur de la séparation. Elle avait, du reste, pour remplacer sa Félicie, une autre fille, Augustine, qui pouvait déjà suffire aux travaux de la maison.

L'émotion fut si vive dans le village, nous l'avons déjà insinué, qu'elle n'était pas entièrement calmée au moment de la mort de M. Colin. Il faut dire néanmoins que cette émotion populaire n'eut pas, dans le premier moment, le caractère odieux qu'elle aurait aujourd'hui dans la plupart des localités. On s'étonnait surtout de voir une jeune personne de tant de force et de tant de qualités renoncer aux positions avantageuses qu'elle aurait pu se créer. Sa piété, ses pratiques de dévotion et son caractère énergique avaient imposé un tel respect que personne n'avait osé lui proposer le mariage. Ce n'est pas que plusieurs familles n'aient désiré la voir entrer chez elles par cette porte. Un jeune homme recommandable faisait cet aveu lors du départ de Félicie Colin : Je suis bien content qu'elle se donne au bon Dieu, je n'aurais jamais été digne de la demander et j'aurais été désespéré de la voir à un autre. » Non, elle n'était point pour le monde, et les qualités qui l'eussent peut-être distinguée parmi ses semblables, devaient uniquement servir à la gloire de Dieu. Elle entra donc au Noviciat des religieuses de la Providence de Langres le 20 février 1843.

Elle dut rester à l'Ouvroir jusqu'à Pâques en attendant la reprise des cours du Noviciat. « Si vous saviez quelle bonne enfant c'était, nous disait naguère sa premiere maîtresse, comme elle s'est mise tout de suite à son affaire ! avec quelle générosité elle faisait ses sacrifices ! quel amour du travail ! quelle charité pour ses compagnes, quelle simplicité, quelle franchise, quelle piété surtout ! » voilà l'impression qu'elle laissa à l'Ouvroir les quelques semaines qu'elle y est restée.

De sa vie de novice, nous ne pouvons dire que peu de choses ; mais ce peu signifie beaucoup. Tous les jours se ressemblent au Noviciat. Le plus bel éloge que l'on puisse faire d'une novice est donc de dire qu'elle a été fidèle à suivre chaque jour, à chaque heure, les règles de la formation religieuse. Nous dirons cependant qu'elle était particulièrement docile ; c'est-à-dire, pour une novice, qu'elle avait à l'égard de ses supérieurs la plus entière ouverture et la plus complète obéissance, les deux éléments essentiels de la docilité. Avec un naturel franc comme le sien, et son esprit de sacrifice, on comprend aisément qu'elle ait été un modèle sous le double rapport que nous venons de signaler. Tel novice, tel profès, dit le proverbe ; avec une docilité pareille, elle ne pouvait manquer de devenir une religieuse accomplie. Avec cela elle cultivait soigneusement la piété et l'étude ; mais ses progrès dans cette dernière partie étaient loin d'égaler ceux qu'elle faisait dans la piété. Son amour pour l'oraison la portait même à la vie contemplative. Ajoutez qu'elle était d'une agréable société par son bon caractère et son expansive gaîté. Il n'en a pas coûté à ses compagnes de noviciat de l'accueillir comme supérieure quand elle fut nommée Assistante de la chère Mère. Les quelques sœurs qui restent de ce temps-là lui ont conservé une amitié pleine de vénération et de délicieux souvenir : « Notre bien aimée sœur Damien, Notre chère Assistante, » telles sont les expressions dont se servent pour la désigner les sœurs qui furent avec elle au Noviciat. La confiance dont elle jouissait auprès des supérieurs la fit nommer sacristine. Elle accomplit ces fonctions avec tant de zèle et de bonheur qu'elle disait souvent dans ses dernières années : « Si je devenais impotente, je demanderais à nos supérieurs d'aider l'infirmière et la sacristine. « Elle ne supposait pas que ses infirmités pussent jamais aller assez loin pour la priver de cette consolation. Dès le temps de son noviciat également elle montrait une si grande discrétion que la maîtresse des novices la chargeait habituellement de ses communications avec Monseigneur Parisis. C'est par ses relations avec l'Evêché que l'éminent Prélat put apprécier le mérite de cette rare personne. Aussi quand il voudra tirer un de ses prêtres de prédilection des peines dont il est assailli de tous côtés, Monseigneur jettera son dévolu sur sœur Damien pour l'envoyer à M. l'abbé Prudent, curé de la Ferté-sur-Aube. Mais n'anticipons pas sur ce que nous aurons à dire un peu plus loin.

Après dix-sept mois de préparation, Félicie Colin fut appelée par son Evêque et les supérieurs de la Providence à quitter définitivement les dernières livrées du monde pour revêtir le saint habit de la religion. Nous n'essayerons pas de reproduire les impressions de la novice au jour de son second Baptême. Se donner à Dieu, c'est si beau, c'est si grand, c'est si doux que l'œil de l'homme resté dans le siècle n'a rien vu, que son cœur n'a rien goûté qui ressemble aux délices de ce paradis terrestre ! Félicie Colin reçut en ce grand jour le nom de sœur Damien. Il lui plut singulièrement parceque c'est celui d'un des saints qu'on invoque au canon de la Messe ; aussi, eût-elle toute sa vie une grande dévotion pour son glorieux patron saint Damien. Dieu lui a voulu ce nom, sans doute, parceque comme le grand médecin romain, elle devait guérir l'âme et le corps d'un grand nombre.

Immédiatement après sa prise d'habit, sœur Damien fut envoyée à Chaumont où elle fut chargée d'une petite classe. Elle s'y fit remarquer bientôt par son bon jugement et son esprit tout religieux. C'est pourquoi, après deux ans, sœur Bathilde prévenue des intentions des supérieurs ou les pressentant, prépara la jeune sœur à la vie d'économe. Elle l'emmenait journellement avec elle dans ses courses en Ville afin de lui apprendre à traiter avec les gens du monde. « Que de choses j'ai apprises dans cette troisième année, disait sœur Damien, et combien cela m'a servi en arrivant à la Ferté. »

II

SŒUR DAMIEN A LA FERTÉ-SUR-AUBE. DÉBUTS
DE CET ÉTABLISSEMENT.

Après trois ans de séjour à la Maison de Chaumont, sœur Damien fut envoyée comme économe à
la Ferté-sur-Aube. Elle y arriva le 26 septembre 1847
conduite par son économe, sœur Bathilde qui avait
été aussi sa première maîtresse à l'Ouvroir de Langres. Les sœurs se présentèrent d'abord chez M. le
Curé, puis visitèrent les autorités et les notables de
la commune. Partout l'accueil fut cordial et l'effet
produit par la nouvelle sœur excellent. De son côté,
elle conçut tout de suite un bon espoir pour le succès de la mission qu'elle venait accomplir.

L'Etablissement des religieuses de la Providence
à la Ferté avait été créé et avait débuté au milieu de
difficultés presque inouïes. Monsieur l'abbé Prudent
qui avait alors une cinquantaine d'années, avait
employé quatre années en démarches, en luttes, en
pourparlers de toutes sortes avec une persévérance
vraiment opiniâtre, quand les sœurs purent ouvrir
leurs classes le 6 mai 1844 en concurrence avec une
institutrice laïque. Les religieuses étaient à la charge
de M. le curé et des habitants qui fournissaient pour
leurs enfants une petite rétribution scolaire. L'institutrice était patronnée par la grande majorité du conseil municipal et par la plupart des notables de la
commune. Dès que les sœurs furent installées, M. le
Curé fut à chaque instant en butte aux dénonciations

calomnieuses de l'institutrice, tant qu'enfin, elle avait
réussi au mois de juin 1845 à ébranler la situation
de M. le Curé, et par là même mis à deux doigts de
sa suppression l'établissement des religieuses. Monsieur le Préfet, après enquête faite par le Maire de
la Ferté, était persuadé de la déloyauté du Curé et
de l'inutilité des religieuses ; l'Evêché n'était pas
loin de regretter qu'on se fût lancé dans une voie
qui semblait ne promettre qu'une augmentation de
la division préexistante dans la paroisse. Mademoiselle Gabillot, c'était le nom de l'institutrice, assurée
du succès, osa même proposer l'institution d'une
salle d'asile qui serait dirigée par une nièce à elle,
laquelle nièce avait obtenu à cet effet son diplôme
d'aptitude aux examens de Bar-sur-Aube ; il ne fallait plus que l'assentiment du conseil municipal.
Malheureusement pour elle, les rapports de l'institutrice contre « M. le desservant Prudent » attaquaient
un homme qui ne savait ni s'effrayer ni se troubler : une lettre calme et très mesurée de M. le
Curé à M. le Préfet, approuvée par Mgr l'Evêque,
eut raison des difficultés créées auprès de l'administration. Un ami de M. Prudent, Monsieur Louis
Polin, décédé en 1886, fit des efforts généreux pour
gagner l'administration municipale à la cause des
religieuses laquelle, comme il le disait fort bien,
« était plus avantageuse à la population qu'au
curé : » Il ne fut pas écouté ; il obtint cependant
l'ajournement indéfini des projets de l'institutrice
relativement à la salle d'asile, et employa toute son
influence à déterminer le conseil à laisser faire l'essai loyal de l'éducation donnée par les sœurs. Lui-
même crut donner l'exemple en laissant M. le curé
agir avec ses propres forces et en se contentant

d'une attitude d'obsérvateur impartial. Cependant les classes des sœurs augmentaient sensiblement en nombre de mois en mois. A la fin de la seconde année elles avaient quatre-vingt-dix élèves; Mademoiselle Gabillot n'en n'avait plus que quinze. Une autre sorte de difficultés empêchait l'œuvre de s'établir définitivement. Les premières religieuses avaient été jugées capables de commencer l'établissement, et, effectivemennt, elles surent garder une attitude tellement réservée qu'elles n'introduisirent aucun élément de complication dans la lutte. Mais les supérieurs avaient prévu qu'il faudrait en envoyer d'autres au bout de peu de temps, c'est ce qui résulte de la lettre même par laquelle Monsieur Lamy, supérieur ecclésiastique de la Providence, annonçait l'arrivée des premières sœurs. Un gros obstacle surtout à la réussite de l'œuvre, c'est que certaines personnalités avaient des enfants ne pouvant occuper les premières places à l'école, et, naturellement, l'orgueil paternel en voyait la cause dans l'incapacité des maîtresses.

Les choses en étaient là quand sœur Damien arriva à la Ferté. On lui avait trouvé assez de sagesse pour traverser indemne toutes ces difficultés; sa présence les fit disparaître comme par enchantement.

Sitôt qu'elle fut installée, M. Polin qui l'avait jugée au premier abord, se remit résolument en campagne. La lutte fut vive mais de courte durée. Il ne craignit pas de briser avec plusieurs de ses amis pour assurer le succès de la cause qu'il défendait; il obtint ainsi dans la commune ce que M. le Curé avait obtenu auprès des administrations scolaires. L'affabilité et le déyouement de sœur Damien avait gagné tous les cœurs, si bien que les uns s'étaient mis à l'œuvre activement pour enlever les obstacles, et les autres n'osaient en faire surgir de nouveaux. L'institutrice disparut bientôt avec le souvenir même du bruit qu'elle avait fait. Monseigneur Parisis avait écrit à son sujet dès 1841 à M. Prudent : « Cette personne n'a pas peu contribué à préparer l'établissement des sœurs à Charmes, j'espère qu'il en sera de même pour vous. » C'est ainsi que dans les œuvres entreprises pour sa gloire, Dieu sait tirer le bien du mal.

III

SŒUR DAMIEN ET L'ÉDUCATION DE LA JEUNESSE.

En ce temps-là se préparait dans l'opinion le régime d'instruction qu'a consacré la loi de 1850 ; régime imparfait sans doute, mais infiniment préférable à celui qu'il faut subir aujourd'hui, parceque'il faisait reposer l'éducation de l'enfance non sur une morale vague, indéfinie et conséquemment inutile ou dangereuse, mais sur la morale chrétienne, seule capable de former des citoyens vertueux. Sœur Damien comprit ce qu'elle devait à l'intelligence et au cœur de ses enfants. Elle était persuadée, comme toute personne qui veut voir la réalité des choses, que le but principal de tout instituteur ou institutrice doit être de former la conscience de ses élèves, et qu'il n'y a de conscience que là où règne la crainte de Dieu. Avec cela, l'enfant étudie, se soumet à la discipline de l'école et conserve pour ses parents ce culte que nous appelons la piété filiale. C'est pourquoi les premiers efforts de la chère sœur se concentrèrent sur ce point : donner de la conscience aux enfants. En cela, elle entrait parfaitement dans l'esprit de sa Congrégation et dans les vues de M. le Curé. Car si M. Prudent, l'homme pacifique par excellence, s'était condamné à tant et de si pénibles combats pour établir des religieuses dans sa paroisse, c'est qu'il voyait les consciences s'oblitérer de plus en plus et désirait surtout le rétablissement de cette règle des mœurs parmi les mères de famille. C'est ce qui ressort formellement de son instruction du 3 novembre 1844, jour où il annonçait la première ouverture des classes tenues par des religieuses de la Providence.

Sœur Damien ne perdit jamais de vue le but à atteindre ; elle gagna tout de suite la confiance de ses élèves et travailla sans relâche à leur éducation.

Elle avait pour la formation chrétienne des jeunes filles, ce qu'on avait partout ; les répétitions du catéchisme, les exercices de piété en classe et à l'église, et les œuvres paroissiales. Pour les répétitions du catéchisme, elle avait demandé à M. le Curé de lui passer son questionnaire ; elle en fit un tel usage qu'elle le savait par cœur longtemps après que M. Prudent eut cessé de faire le catéchisme. Elle présidait aux exercices de piété avec tant de recueillement et de gravité soit à l'école, soit au milieu de ses compagnes qu'elle fut bientôt chargée de remplacer à l'Église les présidentes du chapelet de la sainte Vierge et du chapelet du Sacré-Cœur. Un de Messieurs les vicaires de la paroisse alla jusqu'à se décharger sur elle du soin de réciter la prière du soir les Dimanches, parceque'il ne pouvait la réciter qu'avec une prononciation très-défectueuse. Elle se prêtait à ces fonctions simplement et de très bonne grâce. « J'ai été quatre ans le vicaire de M. l'abbé V... disait-elle plaisamment, il peut bien m'envoyer sa carte au jour de l'an. » C'est du même cœur qu'elle s'employait aux œuvres paroissiales qui intéressent l'éducation. Elle plaçait au premier rang la préparation prochaine des enfants à la première communion. Elle était surveillante des enfants pendant la retraite préparatoire ; c'est elle qui était chargée de les occuper pendant les instants libres soit en leur faisant de pieuses et intéressantes lectures, soit en leur faisant quelques récits édifiants, soit en les aidant dans l'examen de leur conscience, soit en leur donnant des leçons de cérémonies pour le grand jour. Avant que M. le Curé eut des vicaires, c'est elle qui faisait exécuter les cérémonies par les enfants le jour de la première communion, et cela sans qu'elle parut le moins du monde s'immiscer dans les fonctions de sacristain ou de maître des cérémonies. Elle ne paraissait pas plus que le grand ressort qui pourtant fait fonctionner toutes les pièces d'une montre ou d'une pendule. Ces détails pourront passer pour insignifiants aux yeux de quelques uns ; ceux qui comprennent de quelle nécessité sont les cérémonies de la première communion pour la bonne disposition des enfants et pour l'édification des paroisses, ne trouveront pas que nous avons mis ces lignes en hors-d'œuvre.

Nous devons noter ici que tous les ans, plusieurs enfants, garçons et filles, moins doués d'intelligence que les autres étaient confiés à sœur Damien quelques semaines avant les examens de première communion afin qu'elle leur apprît les principaux mystères de notre Foi et les autres enseignements de nécessité de précepte. Mentionnons également son ingénieuse charité à procurer aux petites filles pauvres les vêtements nécessaires pour le grand jour. Elle y mettait souvent plus de zèle que les mères de ces pauvres enfants. Quand elle s'était fait mendiante pour les pauvres, elle apprenait quelquefois que ceux-ci avaient tourné leurs soucis et leurs efforts pour se procurer au jour de la première communion de leur enfant toute autre chose que le nécessaire et l'utile. L'aumône se fait pour Dieu, la charité dont les autres abusent n'est point viciée pour celui qui l'exerce.

Depuis l'établissement de la Congrégation des enfants de Marie en 1869, sœur Damien s'occupait très activement de seconder M. le Curé et ses vicaires dans la direction des jeunes filles adultes. Elle avait dans cette œuvre paroissiale une telle influence, une telle action que le public la croyait réellement la maîtresse, la directrice de cette association. Aussi, c'est à sœur Damien qu'on adressait les compliments lorsque les enfants de Marie avaient édifié par leur bonne tenue ou leur concours dans quelque circonstance extraordinaire, comme c'est sur elle que retombait l'odieux d'une admonition sévère ou d'une exclusion prononcée par M. le Curé ou ses vicaires.

En même temps qu'elle s'adonnait à tout ce qui regarde l'éducation chrétienne des jeunes filles, elle ne négligeait pas l'instruction primaire et le travail manuel qui font justement partie des programmes d'enseignement. Elle faisait sa classe comme toute institutrice modèle ; elle donna sur ce point une telle impulsion à l'école de la Ferté, qu'elle eût reçu même en ces dernières années des distinctions et récompenses honorifiques si l'on y eût un peu plus sacrifié aux tendances actuelles. La récompense des autorités scolaires n'était pas celle qu'ambitionnait sœur Damien. Elle ne l'eut pas méprisée pourtant; mais elle s'occupait avant tout d'instruire les enfants qui lui étaient confiées. Quelques unes, à son début, ne pouvaient suivre les autres et, nous l'avons dit, leurs parents ne pouvaient les croire incapables ; sœur Damien prit ces enfants à part et arriva à ceci ; « qu'elles purent au moins suivre leur Messe dans un livre. »

Quant au travail manuel, sœur Damien devait apprendre dans sa classe des choses bien différentes. Généralement les parents tenaient peu aux travaux ordinaires de raccommodage ; c'était un tort, sans doute, mais on ne peut agir directement sur les parents. D'ailleurs le travail manuel des petites filles est relativement fort peu important au point de vue pratique, il fallait donc subir le désir des parents de voir leurs enfants apprendre chez les sœurs ce que les mères ne peuvent montrer. Sœur Damien fut ainsi obligée d'apprendre à ses élèves la broderie, la tapisserie plus ou moins compliquée, les tricots combinés etc, on ne parlait pas du crochet en ce temps-là. Mais la jeune sœur n'avait pas appris ces belles choses au Noviciat, moins encore à Chaumont ; elle dut donc apprendre d'abord pour démontrer ensuite. Combien de fois elle dut passer une partie de la nuit pour pouvoir surpasser en habileté les élèves qu'on lui avait confiées !

Elle tint la grande classe pendant douze années, puis elle n'eut plus que le titre d'institutrice aux yeux de l'administration scolaire qui le lui conserva jusqu'en 1880, époque où l'on jugea prudent d'en investir une autre sœur pour retarder autant que possible l'effet des lois qu'on préparait pour la laïcisation des écoles communales. Néanmoins, tant qu'elle fut titulaire, sœur Damien s'occupa des classes. Elle n'enseignait plus ; mais elle suivait les progrès des élèves, donnait les encouragements, paraissait pour les grandes réprimandes et accompagnait régulièrement M. le Curé et MM. les inspecteurs dans leurs visites, tant que cela fut permis par les lois scolaires. Quel élan donné à l'instruction et à l'éducation des jeunes filles par ces visites périodiques de M. le Curé comme sœur Damien avait su les organiser ! Elle ne repoussait aucun contrôle parce qu'elle était toujours dans le devoir. Inspecteur, maire, délégués, tous étaient accueillis avec une égale bonne humeur, parcequ'elle voyait dans ces examens un moyen de progrès pour les élèves. Aussi, quelle peine pour son cœur quand elle vit le clergé chassé des écoles et quand elle-même se vit repoussée vivement par un inspecteur au moment où elle venait de lui ouvrir la porte de la maison : « Je ne vous connais pas, lui avait dit ce dernier, je n'ai rien à faire avec vous, pour moi vous n'êtes rien ici. » Nous savons que ce fonctionnaire tint un tout autre langage au sujet de sœur Damien quand il apprit sa mort. Si nous mensionnons cette circonstance, c'est pour montrer une fois de plus à quelles extrémités nous a réduits le système d'éducation, préconisé par les hommes du jour. Avec la religion, on bannira également de nos écoles jusqu'à la politesse française. Que nous avons fait du chemin dans cette triste voie depuis dix ans ! Revenons à des temps meilleurs avec notre récit.

Dans son zèle ardent pour l'éducation des jeunes filles, sœur Damien se laissa persuader un jour qu'on pouvait créer un ouvroir à la Ferté. Toutes les démarches nécessaires furent faites à cet effet, on put moyennant quelques sacrifices pécuniaires de la commune et les généreuses offrandes de quelques personnes inaugurer cet ouvroir le 19 mars 1868 sous la protection de S. Joseph. Cette œuvre ne réussit pas. La population n'en comprit ni l'utilité ni le fonctionnement. Après un moment d'entraînement une partie des élèves quitta l'ouvroir, le reste ne formait pas un nombre assez important pour y employer une maîtresse spéciale ; on abandonna l'ouvroir le premier juillet 1869. Mais comme les efforts tentés pour la gloire de Dieu sont toujours couronnés d'un succès prévu ou non, une autre œuvre qui dure encore, surgit aussitôt pour remplacer l'ouvroir.

On établit une salle d'*asile* ou plutôt une garderie où les enfants des deux sexes furent reçus de trois à six ans accomplis jusqu'en 1876. Depuis cette époque, les petits garçons sont admis à l'école communale un an plus tôt : la raison de cette modification se trouve dans ce qui suit.

Comme toutes les œuvres de Dieu l'*asile* dut subir l'épreuve de la contradiction. En 1874 le nombre des enfants qui y étaient admis s'élevait à plus de soixante ; la salle était trop étroite pour une telle agglomération de petits enfants; la santé de la sœur qui les conduisait ne pouvait supporter six heures de séance par jour dans une telle atmosphère; de plus, les élèves de la grande classe étaient souvent troublées par le bruit des exercices de l'asile. Sœur Damien avait conçu un plan qui faisait disparaître tous les inconvénients. Elle avait trouvé une maison et le traitement presque entier d'une seconde sœur; la commune n'avait à faire que les frais d'aménagements. Le projet avec ses ingénieuses combinaisons fut confié à M. Prudent qui alors n'avait plus l'activité voulue pour agir avec son ancienne énergie et habileté. L'opposition triompha du vieillard. Comme la Communauté de la Providence voulait absolument ménager la santé de la sœur d'asile et qu'on pourvut à lui donner une auxiliaire sous peine de refuser le maintien de la première, le conseil municipal crut voir dans ces demandes un empiétement. L'un des conseillers, avec l'assentiment de quelques autres, prit même des renseignements au dehors pour savoir si quatre sœurs d'une autre Communauté pourraient remplacer les sœurs de la Providence sans qu'il en coutât davantage à la commune. Sœur Damien apprit ces démarches avec un profond chagrin, elle eut vraiment peur pour son cher établissement; elle alla épancher la douleur de son âme avec les larmes de ses yeux aux pieds de l'autel de la Sainte Vierge : elle avait fait un sacrifice de plus, la solution de cette difficulté ne se fit pas attendre. Un malentendu rendit impossible l'acquisition du nouveau local; une seconde sœur d'asile vint pour quelques mois soulager la première; puis, après quelques tâtonnements il fut décidé que les petits garçons seraient envoyés un an plus tôt à l'école communale et qu'on mettrait les petites filles à la seconde classe dès qu'elles pourraient en suivre les leçons. Cette solution ne fut pas acceptée de bien bon cœur, on prévoyait des inconvénients qui existent malheureusement aujourd'hui; mais la paix était rétablie. Les auteurs inconscients du trouble momentané qui s'était produit se rallièrent définitivement à ceux qui témoignèrent en toutes circonstances de leur attachement dévoué à la personne de sœur Damien, non moins qu'au principe de l'éducation chrétienne des jeunes filles par des religieuses.

IV

SŒUR DAMIEN INFIRMIÈRE

La vie des saints a ceci de particulier qu'on croit avoir vu toute son action quand on l'a examinée à un point de vue, puis on croit n'avoir encore rien dit quand on l'envisage d'un autre côté, tant il y a d'activité dans ceux que le Seigneur a prédestinés. Il en est de même de la vie de sœur Damien. Tout entière à l'éducation des jeunes filles et de la première enfance, on la retrouve davantage encore dans l'exercice de la charité à l'égard des membres souffrants de Jésus-Christ.

La sœur infirmière dont le traitement est fourni par le Bureau de bienfaisance de la Ferté est chargée de la distribution des secours aux indigents et de donner aux malades qui ne peuvent se les faire administrer par d'autres, les remèdes et les soins prescrits par le médecin. En ceci, les intentions de l'administration du Bureau sont entièrement conformes aux statuts de la Providence, mais il y a bien des manières de mettre ses intentions à exécution. Sœur Damien n'empiéta jamais sur le rôle du médecin; mais se dépensa pour les pauvres et les malades sans aucune mesure. Elle fit tant sous ce rapport que les personnes qui ne comprennent rien à la charité crurent que tout était d'obligation pour la sœur infirmière, on venait la chercher à tout propos. Fallait-il appliquer une sangsue, lever un petit vésicatoire, poser une feuille de moutarde, on appelait sœur Damien. Sa tournée régulière se faisait dans l'aprèsmidi; mais elle était appelée si souvent et à des heures si diverses qu'on ne pouvait presque pas distinguer les visites extraordinaires de ce que nous venons d'appeler sa tournée régulière. Quand on venait la chercher pour un malade, elle demandait un mot d'explication et partait aussitôt. Elle entrait dans la salle qui contient la petite pharmacie du Bureau de bienfaisance où la plupart du temps elle n'avait rien à prendre; mais là elle se jetait à genoux aux pieds de l'image de la sainte Vierge, puis s'en allait avec ceux qui la venaient chercher. Aussi souvent qu'elle le pouvait, si l'on devait passer devant l'église elle y entrait demander à Notre-Seigneur sa bénédiction. Presque toujours quand elle n'avait pu faire cet acte de dévotion en se rendant au chevet du malade, elle le faisait en revenant. Voilà tout le secret de son dévouement et de son affabilité auprès des malades. Arrivée dans la maison de l'infirme, elle s'occupait exclusivement de sa mission et ne consentait jamais

à s'asseoir, excepté pourtant le cas où il fallait attendre l'effet d'un remède, le moment d'un pansement,
etc. Alors elle parlait peu, désirait qu'on la laissât
seule et récitait son chapelet quand cela était possible, pour le malade qu'elle soignait. C'est ainsi qu'elle
devint populaire sans être familière avec personne.
Lorsque la maladie devenait grave et menaçait de se
terminer par la mort, c'était ordinairement sœur Damien qui préparait le malade aux derniers sacrements. Pour cela, elle annonçait d'abord la visite de
M. le Curé, puis s'insinuait si bien auprès du mori-
bond que celui-ci demandait de lui-même à se confesser ou tout au moins acceptait volontiers les pro-
positions qui lui étaient faites. Il est presque inouï à
la Ferté qu'un malade ait refusé les derniers sacrements. Lorsqu'elle était prévenue de l'agonie, sœur
Damien se rendait à la maison du mourant pour réciter les prières des agonisants et exhorter le malade
au dernier moment. Enfin, on venait toujours la
chercher pour ensevelir les morts. Ceux qui ont ac-
compli quelquefois cette œuvre de miséricorde savent ce qu'elle a de méritoire et quelle répugnance
il faut vaincre chaque fois qu'on l'exerce. Souvent la
digne infirmière en rapporta des indispositions qui
duraient plusieurs jours. Elle était à peu près privée
du sens de l'odorat, mais cela n'était que plus dan-
gereux, car elle absorbait davantage les miasmes dé-
létères qui s'échappent des cadavres. Son visage,
sa gorge, son estomac subirent très souvent des alté-
rations profondes qui indiquaient combien l'enseve-
lissement avait été pénible. Il n'était pas rare non
plus qu'elle rapportât des lits des morts ou des mourants certains parasites dont la seule pensée peut
tourmenter toute personne un peu délicate. C'était

pour sœur Damien le moindre des inconvénients, elle se débarrassait en riant de cette incommode garnison et son ange gardien avait enregistré à son actif encore un acte héroïque de charité.

Voilà ce que sœur Damien faisait habituellement comme infirmière ; que dire de sa conduite en temps d'épidémie? Deux fois on la vit à l'œuvre bravant la mort, au choléra de 1854 et à la dyssenterie de 1861. Chacun de ces deux fléaux décima littéralement la population de la Ferté. Sœur Damien était nuit et jour sur pied, car s'il ne mourait qu'un habitant par dizaine, bien peu furent exempts de ces terribles maladies, soit donc en deux ou trois mois près de onze cents malades à soigner. Combien seraient morts s'ils n'avaient reçu d'elle les secours que réclamait leur état. Nous pourrions citer ici tel médecin de Paris félicitant son confrère de la Ferté d'avoir à sa disposition une infirmière aussi dévouée et ayant à ce point l'intelligence des soins à donner aux malades en attendant le médecin, comme aussi de la manière d'exécuter ses ordonnances. Le docteur P..., à trente-quatre ans de distance, conserve de sœur Damien le plus vivant souvenir. On avait fait venir dans ces circonstances malheureuses d'autres sœurs, elles aussi bien dévouées et vouées par vocation au soin des malades ; mais les malades ne voulaient que leur sœur, ils avaient comme peur des autres. Vint ensuite la guerre de 1870-71 ; la maison des sœurs fut transformée en ambulance et tout y était prêt pour secourir nos malheureux soldats. Quelques-uns seulement y reçurent des soins, mais ces soins furent si maternels que ceux qui en furent l'objet conçurent pour sœur Damien une affection vraiment filiale. Nous avons lu des lettres de ces hommes où l'on respire à chaque phrase le parfum de la plus délicate reconnaissance.

Oui, sœur Damien savait être la mère des malheureux. Plusieurs fois pendant les épidémies et dans le
cours de sa vie, après avoir enseveli le dernier chef
d'une famille, elle emmena chez elle les enfants orphelins, leur procurant le vivre et le couvert jusqu'à ce qu'elle eût trouvé quelqu'un qui pût ou
s'en charger ou les placer. Nous connaissons des
personnes qui seraient heureuses de voir publier ici
leur histoire comme un témoignage de reconnaissance
envers leur insigne bienfaitrice; mais il y en a d'autres qui supporteraient difficilement ces révélations,
la discrétion nous a donc contraint à ne donner que
d'insuffisantes généralités.

Des ingrats, il y en a partout, ont trouvé mauvaises certaines visites de sœur Damien chez les personnes douées de fortune. Sa justification, si elle en
avait eu besoin, eût été bien facile : on ne citera pas
une maison bourgeoise ou aisée que sœur Damien
n'ait intéressé par là au sort des malheureux, elle
voyait le riche pour le rapprocher du pauvre. Si l'on
avait marqué les portes qui se sont ouvertes pour
recueillir les bienfaits de la bonne sœur, je ne pense
pas qu'une seule fût exempte du sceau de sa touchante charité.

En tout cela sœur Damien ne travaillait point pour
recueillir l'honneur ou la reconnaissance des hommes, mais pour augmenter ses mérites devant Dieu.
Il lui était doux dans ses moments de fatigue extrême, de peines voisines du découragement, de penser
que son Jésus lui dirait un jour : « J'ai eu faim,
vous m'avez donné à manger ; j'ai eu soif, vous m'avez donné à boire ; j'étais nu, vous m'avez vêtu ;

j'étais malade, vous m'avez visité. » Et l'ange Raphaël, le protecteur spécial des infirmiers et des médecins, lui dira comme à Tobie : « Quand vous répandiez vos larmes avec vos prières, quand vous quittiez votre repas pour ensevelir les morts, je présentais votre oraison au Seigneur.

V

SŒUR DAMIEN ÉCONOME

Sœur Damien rentrée chez elle, après la visite des malades, reprenait tranquillement son ouvrage d'intérieur de maison et ses fonctions d'économe.

Chez les sœurs de la Providence, celle qui est à la tête d'une maison n'est point une supérieure, elle n'a pas même, comme dans d'autres congrégations, le titre de sœur première; c'est une sœur comme les autres. On l'appelle économe, parce qu'elle administre le matériel de l'Etablissement et pourvoit à l'accomplissement de la règle au nom des supérieurs de la Communauté ; elle n'a le droit d'exercer d'autre autorité que celle qui résulte de l'ascendant de sa vertu. Le pieux fondateur de cette Institution a voulu par là maintenir toutes ses enfants dans l'humilité, sachant combien est périlleux l'honneur d'être placé au-dessus des autres.

Si tel doit être le sentiment qu'une économe doit avoir d'elle-même et de sa condition, en entrant en charge elle n'en contracte pas moins de graves et nombreuses obligations, soit par rapport à ses supérieurs qui l'investissent d'une telle confiance, soit par rapport à ses compagnes qu'elle doit soigner et dont elle doit être la règle vivante, soit par rapport au public qui traite avec elle comme étant maîtresse de maison et la considère comme une supérieure religieuse.

En disant ce que doit être une économe de la Providence, nous venons de dire ce qu'a été sœur Damien ; il ne nous reste qu'à donner à l'appui de cette synthèse les faits qui en montrent la réalisation.

Les relations de sœur Damien avec ses supérieurs furent toujours ce qu'elles devaient être. Elle comprenait que les représentant, elle ne pouvait prendre aucune initiative sans leur avis, et qu'elle devait pour tout le reste les tenir complètement au courant de sa maison. Elle savait combien les supérieurs sont souvent accablés par les rapports qui leur sont faits sur les misères et les difficultés des Etablissements et quelle consolation c'est pour eux d'apprendre que les choses vont bien. Aussi ne craignait-elle point de dire tout le bien qu'elle pouvait de ses compagnes et de leur situation, sans chercher aucunement à s'en attribuer le mérite et en prenant bien garde d'atténuer celui des autres. S'il fallait à côté de cela montrer les ombres du tableau, elle n'en fonçait pas les couleurs, elle ne cherchait pas à faire partager l'impression qu'elle avait ressentie de quelque misère, elle l'exposait simplement, quelquefois avec une certaine gaîté. Elle ne prenait pas non plus ce ton de plainte qui semble rendre responsables les supérieurs des défauts et des écarts de leurs sujets. Elle ne perdait pas de vue « que la peine donne la patience, que la patience engendre la paix » et que la paix est le principal, sinon l'unique bien terrestre des Communautés religieuses. Cela était vrai, surtout de l'Etablissement de la Ferté. Quand on en voyait les sœurs si heureuses, si bien ensemble, on disait parfois à sœur Damien : « Il n'y a donc point de misères chez vous ? — Il y en a comme ailleurs, répondait-elle, mais nous les supportons et nous n'éprouvons pas le besoin de les laisser voir à d'autres qu'à nos supérieurs. »

Lorsqu'elle avait à soumettre quelque difficulté à l'appréciation des supérieurs, elle commençait toujours par prendre sur elle le côté pénible, puis demandait la solution rationnelle dont elle avait besoin. Si l'on ne pouvait à distance lui tracer sa ligne de conduite dans tous les détails, elle s'inspirait de ce qui lui avait été dit et agissait pour le mieux. De sorte que même dans les cas de non-réussite, elle pouvait toujours dire au for de sa conscience qu'elle n'avait rien fait en dehors de l'avis de ses supérieurs.

Chaque année, selon la règle, elle rendait un compte scrupuleusement exact des dépenses et des recettes de sa maison; ainsi le demandent le bon ordre et la vertu de pauvreté. Il y a plus, et toujours pour le même motif, si quelque dépense était en dehors du budget ordinaire des religieuses, elle en faisait l'objet d'une permission spéciale. Si l'affaire était urgente, elle présumait l'autorisation d'abord et instruisait ensuite sincèrement les supérieurs. On pouvait être sûr que rien ne manquerait à l'Etablissement, mais aussi qu'on ne trouverait rien dans sa gestion qui ressemblât à un acte de propriété. « La vertu de pauvreté, disait-elle, ne consiste pas dans les privations; mais à ne rien s'approprier des biens dont l'obéissance nous permet l'usage : je ne regarde pas comme ayant le plus de pauvreté une sœur qui a le plus d'économie ; mais celle qui a le plus de sincérité et de justice dans l'emploi des biens qui lui sont confiés. » Elle comprenait que le démon de l'avarice et celui de l'injustice peuvent très bien prendre la place de l'ange de la pauvreté. Avec de tels sentiments et de telles habitudes, quelles que fussent les charges de son Etablissement, elle ne manquait de rien ni pour ses sœurs, ni pour elle-même. Son principal souci à ce point de vue était que ses compagnes ne fussent point au dépourvu des objets composant le petit mobilier de la religieuse. Celles-ci le voyaient bien ; aussi avaient-elles pour leur économe la même sollicitude, et elles s'occupèrent de son vestiaire même après son départ de la Ferté. Comme on ne dépassait jamais les limites fixées si sagement par la règle, la sainte Pauvreté donnait à tout l'établissement cet air de satisfaction et de contentement qui a édifié plus d'une religieuse venant à la Ferté.

A un point de vue plus élevé, voici comment sœur Damien entendait le gouvernement des sœurs dans un Etablissement. Lorsqu'on lui envoyait de Langres une compagne, elle la recevait comme une envoyée de Dieu. Cela arriva une vingtaine de fois, nous ne croyons pas qu'une seule religieuse ait été reçue avec l'accueil réservé qu'on a pour des inconnus. Une fois on lui amène une jeune sœur en remplacement d'une compagne conservée à Langres pour être dirigée vers un autre poste ; sœur Damien pâlit en apprenant le changement qui lui cause une cruelle séparation et la prive d'un soutien dont-elle avait besoin pour le corps et pour l'âme. Mais après ce premier mouvement de la nature, moins long que le temps

que nous mettons à le rapporter, elle prend la nouvelle sœur par la main, l'embrasse tendrement, en lui
disant : « Ma bonne enfant, soyez la bien venue. »
Le début, la première entrevue laisse une impression
dont on ne revient guère ; si elle est bonne, on peut
tout espérer ; si elle est mauvaise, il est bien à craindre que la vie commune n'en souffre. Quelle bonne
impression recevait une jeune sœur quand elle était
ainsi reçue par son économe. Les sujets qui lui étaient
envoyés ne pouvaient être sans défaut ; mais aussi
ils avaient leurs qualités, leurs vertus, c'étaient des
religieuses, des épouses de Jésus-Christ ; voilà ce
que se disait sœur Damien. Il s'agissait donc, non
d'exiger une perfection qui s'accommodât tout de suite
des habitudes de la maison et de l'économe, mais de
rendre acceptable le nouveau régime auquel allaient
être soumises les nouvelles arrivantes et de les aider
à atteindre la perfection de leur état.

Ici apparaît la différence qui existe entre la vie en
commun pour des religieuses et la vie en commun
pour les gens du monde. Dans le monde, le nouveau
venu est esclave ou maître, pour un temps du moins ;
ce n'est qu'après un laps de temps plus ou moins
long qu'on s'apprécie et qu'alors on se supporte avec
plus ou moins d'union. Dans la vie religieuse, c'est
la règle qui doit être le trait d'union des cœurs.
Quant à ce que la règle ne saurait ordonner, on s'en
accommode par des concessions réciproques. Sœur
Damien aimait à faire les premières avances et par
ce moyen arrivait tout de suite à cette union effec-
tive et affective qui a perpétuellement existé entre
elle et ses compagnes. « Voilà comme il est bon pour
des sœurs d'habiter ensemble. »

Un point plus délicat encore dans le gouvernement

des religieuses, est celui qui touche à l'ordre de leur conscience. Ici, sans doute, le rôle de l'économe est parfaitement indiqué par la règle : elle donne les permissions nécessaires pour les confessions et les communions sans pouvoir exercer le moindre contrôle sur la direction spirituelle que les sœurs reçoivent de leur confesseur. Néanmoins, quand plusieurs personnes vivent dans l'intimité et désirent sincèrement leur avancement dans le bien, il s'établit une communication habituelle des bonnes impressions comme des difficultés communes. De là une espèce de direction résultant de l'expérience des unes et de la confiance des autres. Il est à craindre cependant que l'on ne se contente de cette direction et que par là on ne tombe dans l'illusion des gens du monde qui prétendent fixer des limites aux ouvertures de l'âme à l'égard du directeur spirituel. D'autre part, cette ouverture amicale entre l'économe et les sœurs est naturellement plus complète parce qu'elle est moins gênée, si les conclusions qui en résulteront sont bonnes, le bien sera donc aussi plus abondant. Mais qui jugera que cette direction est bonne? Une religieuse, si parfaite qu'elle soit, n'a pas grâce d'état pour cela. Voilà pourquoi sœur Damien, tout en recevant les confidences de ses sœurs, avait avant tout pour but de favoriser leur ouverture avec leur guide spirituel. Ses avis avec cette précaution étaient toujours empreints de sagesse et généralement bien acceptés. Elle-même n'avait aucune inquiétude sur ses décisions, parce qu'elle était assurée du contrôle de celui que Dieu chargeait de cette mission. Combien d'âmes, non seulement parmi les religieuses, mais encore parmi les jeunes filles et les mères de familles sont venues dans un instant de tentations extraordinaires et de découragement, faire à sœur Damien une espèce de confession préparatoire! Beaucoup sortirent de son entretien avec un sincère désir de conversion et durent à cette heureuse rencontre le courage de sortir de leur mauvais état et de recouvrer une paix qu'elles croyaient avoir perdue pour jamais.

Si quelques-unes de celles qui liront ces lignes se trouvaient, comme sœur Damien, à même de recevoir des confidences de cette nature, qu'elles suivent son exemple jusqu'au bout; qu'elles se défient souverainement d'elles-mêmes, prient beaucoup pour ces pauvres âmes en peine et n'aient d'autre but que de leur montrer le chemin du saint Tribunal. C'est là que s'opèrent les véritables guérisons et là seulement que se donne de la part de Dieu la véritable direction.

J'ai parlé tout à l'heure de permissions; rien de plus fréquent dans la vie religieuse puisque tout est renfermé dans le vœu d'obéissance. Il est pénible quelquefois de les demander, tout le monde en convient; mais il est plus pénible encore de les accorder parce qu'il faut que l'économe soit toujours prête à faire acte de discernement, sa fonction est une espèce de tribunal en permanence. De ce chef déjà il est plus facile de demander que d'accorder. De plus, dans la manière d'accorder une permission, on peut faire beaucoup de bien comme beaucoup de mal, on peut rendre la vie religieuse aimable ou insupportable. L'économe de la Ferté avait cela devant les yeux presque chaque fois qu'on lui demandait une permission. C'est pourquoi elle était habituée à les donner de très bonne humeur. « Quand on croit pouvoir donner une permission, disait-elle, à quoi

bon la marchander, quand on doit la donner, pourquoi la donner de mauvaise grâce? La personne à qui l'on donne une permission recevra de meilleur gré les observations qu'on jugera devoir y ajouter. »
« Ma sœur, disait-elle encore à une nouvelle écono- me, soyez bien gentille en donnant vos permissions. »

Entrerons-nous un peu dans sa vie de famille avec ses compagnes? Sœur Damien est un modèle de régularité, elle élargira pour les autres les heures de repos sitôt qu'elle aura un motif suffisant ; mais, dut-elle être seule à l'exercice du ma'in, elle ne s'accordera pas la moindre indulgence, il faudra qu'elle soit réellement malade pour garder le lit en dehors des heures réglementaires. Dans le travail, elle conservait pour elle ce qu'il y avait de plus dur, parce qu'elle se sentait plus forte et qu'elle avait adopté en principe de faire elle-même tout ce qu'elle pouvait, ne recourant à l'aide des autres que dans l'impossibilité d'agir seule. Ce n'était pas qu'elle manquât de confiance en ses compagnes, ni pour les exclure de certaines occupations, mais uniquement pour ménager leurs forces. Chaque sœur était, en effet, au courant de tout l'ouvrage de la maison et quoique chacune y eut ses fonctions déterminées, toutes pouvaient au besoin se suppléer sans un notable préjudice dans la bonne exécution de toutes choses. Les instants de repos, les petites fêtes d'intérieur avaient également un charme exceptionnel, parce que tout s'y passait dans une franche gaîté, sans arrière-pensée. Cette bonne humeur était la tonique de toutes les récréations. Nous ne dirons pas que la tristesse ne pénétrait jamais dans cette heureuse famille; mais elle ne pouvait s'y établir en permanence. Lorsqu'une sœur de l'Etablissement recevait la nouvelle d'un deuil qui la frappait, sœur Damien comprenait la peine de la religieuse, compâtissait vivement, et son cœur maternel savait d'autant mieux consoler ses chères filles que sa charité pour elles était plus tendre et plus sincère. Charité bien ordonnée commence par soi-même, sœur Damien semblait dépasser cette mesure proverbiale en commençant par aimer les autres avant de s'occuper d'elle-même. En tout cas, elle s'identifiait tellement avec les âmes souffrantes qu'elle observait littéralement le précepte du Maître : « Vous aimerez votre prochain comme vous-même. »

C'est également sur ce principe de la charité chrétienne que se réglaient ses relations avec les personnes du monde.

Elle ne fit de visites actives que celles exigées par les convenances ou commandées par la nécessité ou enfin demandées par la charité.

Deux fois par an elle faisait visite à M. le Curé, le jour de l'an et la veille de sa fête. Monsieur le maire, Monsieur l'adjoint et quelques notabilités en recevaient une au jour de l'an et, s'il y avait lieu, la veille de la distribution des prix. En dehors de ces visites officielles, il n'y avait plus que les visites d'affaires. Elle les faisait sans compter ses pas, mais aussi sans perte de temps. Disons-le encore une fois, elle traitait debout l'objet de sa démarche, ne voulant pas accepter de s'asseoir. Combien auraient voulu la retenir pour jouir un peu de sa présence! quelques uns l'accusèrent pour cela de fierté; mais cette accusation ne pouvait tenir en face du dévouement dont elle faisait preuve chaque fois qu'elle pouvait se rendre utile, surtout dans l'intérêt des pauvres et des malades.

La délicatesse de ses procédés, la franchise de ses manières, comme aussi l'esprit profondément religieux qu'elle savait conserver en toutes circonstances, attiraient à elle ceux qui l'avaient une fois connue. Aussi, avait-elle plus de visites à recevoir qu'elle n'en faisait. On en était à ce point, dans le monde de la Ferté, que si quelque étranger venait de loin dans une famille, on tenait à lui faire connaître sœur Damien. Bon nombre de personnes lui envoyaient au jour de l'an des cartes de visite pour l'avoir vue chez elle une seule fois. La pauvre économe était souvent bien surchargée de ces visites. Combien de fois, en sortant de la salle de réception et en reprenant son tablier de cuisine, ne s'est-elle pas écriée : « Mon Dieu, que les gens du monde devraient bien me laisser tranquille. » On sonnait de nouveau, elle était à la porte, s'oubliant elle-même, recevant avec bonté et sérénité la visite importune peut-être, mais qui lui fournissait une occasion d'augmenter son mérite devant Dieu. Personne n'avait soupçonné sa répugnance ; mais son ange gardien avait compté un sacrifice de plus et plusieurs actes de charité.

Nous ne pouvons clore ce chapitre sans exposer la manière de voir et la conduite de sœur Damien par rapport aux relations spéciales des sœurs avec le curé dans une paroisse.

Elle regardait le curé comme un Pasteur qui a la charge de toutes les âmes qui sont dans la paroisse. De là, elle comprenait d'abord qu'il est le père spirituel des religieuses. Par conséquent, elle le tenait au courant de ce qui importait à sa direction personnelle et, autant que cela dépendait d'elle, à la direction de ses sœurs. En cela il n'y avait pas à craindre de voir les supérieurs de la Communauté mis de côté, car le curé ne doit avoir d'autre but que de conduire toutes ses ouailles à la perfection de leur état ; or, pour des religieuses, la perfection consiste dans l'accomplissement fidèle de leur règle et la soumission la plus entière à leurs supérieurs hiérarchiques. Il est évident qu'en entendant ainsi les choses, il n'y a pas de conflit possible. Le curé n'a pas, comme les supérieurs, à exercer une surveillance de détail sur les personnes et les choses de l'Etablissement, ni à intervenir autrement que comme un intermédiaire bénévole dans les difficultés qui peuvent troubler l'intérieur de la maison, pas plus qu'il n'a le droit et le devoir de s'immiscer dans le gouvernement des autres familles de sa paroisse. D'un autre côté, sœur Damien comprenait que si le curé a charge d'âme, aucune œuvre ne peut être entreprise avec succès contre le gré du curé, et qu'il y aurait presque toujours imprudence grave à se tenir en dehors de sa direction. Le bien paroissial est comme son patrimoine, lui seul en doit diriger la culture. Ainsi, les religieuses viennent travailler à l'éducation chrétienne de la jeunesse, c'est l'exercice de leur vocation ; elles ont été préparées à cela pendant leur noviciat ; mais elles ne sont pas, même sur ce point, exemptes de la juridiction du curé de la paroisse. Ce serait une grave erreur de croire que les sœurs sont dans une localité au même titre que les fonctionnaires communaux, elles sont les auxiliaires du curé dans l'éducation chrétienne des jeunes filles. Sœur Damien comprenait si bien cela qu'elle passa trente-deux ans à la Ferté sous la direction de M. Prudent, cinq ans sous celle de son successeur, vingt ans en relations avec les vicaires, sans que rien vînt jamais troubler la bonne harmonie qui existait entre la cure

et l'Etablissement des sœurs. Monsieur Prudent disait de ses relations avec sœur Damien : « Je lui suis
nécessaire, elle m'est indispensable. » Les sœurs
sont en effet indispensables au curé pour élever chrétiennement les jeunes filles ; le curé est nécessaire
aux sœurs pour qu'elles ne travaillent pas en vain
dans le champ du père de famille.

L'accord constant qui exista entre sœur Damien et
les prêtres de la Ferté ne fut pas le moindre des mo-
tifs qui la firent appeler par le chapitre de la Communauté aux fonctions d'assistante de la chère Mère
et de visiteuse des Etablissements.

VI

SŒUR DAMIEN ASSISTANTE DE LA R. MÈRE

Sœur Damien gouvernait sa petite barque avec
tant de régularité et de succès qu'elle ne pouvait
manquer d'être appréciée des supérieurs, et l'absence
de toute prétention dans sa manière de vivre ne la
rendait que plus estimable. Plusieurs religieuses du
voisinage avaient eu recours à ses lumières et à son
dévouement dans des circonstances pénibles et difficiles, les unes jetées dans des tracasseries adminis-
tratives, les autres environnées de graves périls pour
leur vocation. L'ouverture était facile avec elle, la
compassion assurée, la discrétion acquise, il y avait
déjà là une action d'assistante. D'un autre côté, certains établissements ne pouvaient plus subsister au
milieu d'inextricables complications ; sœur Damien
fut chargée maintes fois de traiter les affaires des

sœurs au nom de sa Communauté. Elle le fit avec sagesse et discrétion ; mais presque toujours les négociations aboutirent au retrait des sœurs de la Providence. Sœur Damien liquidait alors la situation matérielle et rapportait pour ses sœurs de nouvelles leçons et pour elle-même un accroissement de son expérience dans le gouvernement des religieuses. Voilà comment la divine Providence la faisait préluder au genre de vie qu'elle devait mener ces dernières anneés.

Dans les derniers temps du supériorat de la R. M. Joseph, il fut question de retirer sœur Damien à la maison-mère pour remplir en titre les fonctions d'assistante ; l'exécution de ce projet ne fut pas possible. L'établissement de la Ferté se trouvait au milieu de complications pouvant amener sa suppression. Monsieur le Curé qui avait eu tant de peine à introduire les sœurs et à les maintenir était presque octogénaire et regardait sœur Damien, nous l'avons déjà dit, comme une auxiliaire indispensable : on ne pouvait infliger à ce vieillard vénérable un retrait qui mettait son œuvre en péril et aurait empoisonné ses derniers jours du plus grand des chagrins. Ces considérations déterminèrent les supérieurs à porter leurs vues ailleurs.

Elle fut cependant élue membre du chapitre de sa Congrégation, en 1878. D'après l'organisation des statuts de la Communauté par Mgr Bouange, on devait choisir dans les établissements ruraux un conseil de douze sœurs dont les fonctions seraient d'éclairer l'administration de la maison-mère sur l'état des établissements et des sujets qui les composent, de donner leur avis sur les mesures à prendre pour le bien commun et enfin d'élire dans les conditions prévues la chère Mère et ses Assistantes. Sœur Damien fut des douze et l'on put être assuré de ne pas trouver en défaut ni sa franchise, ni sa discrétion.

Pendant les six ans qu'elle fut investie de ce titre, elle fit voir d'un peu plus près les ressources qu'elle pouvait apporter dans l'administration de la Communauté. De temps en temps son nom était prononcé par les sœurs du dehors et de la maison-mère comme devant figurer bientôt sur la liste des assistantes. La santé de sœur Amélie, profondément altérée, et sa maladie traînant en longueur, on put prévoir une vacance prochaine du poste de cette bonne sœur et en même temps l'élection de notre sœur Damien pour la remplacer. C'est ce qui arriva quelques semaines après la mort de sœur Amélie.

Le 17 février 1884, M. le Supérieur de la Providence notifiait à sœur Damien son élection provisoire par les membres du Conseil d'administration. Au mois de septembre suivant, le chapitre de la Congrégation à l'unanimité des suffrages la maintenait au poste où elle avait été appelée; Monseigneur l'Evêque ratifiait l'élection, et sœur Damien était définitivement proclamée Assistante de la R. Mère et Visiteuse des Etablissements.

La rapidité du récit que nous venons de faire laisserait supposer que le changement de sœur Damien se fit sans difficulté; mais si l'on songe à l'œuvre qu'elle accomplit pendant trente-sept ans, on se figurera sans peine la place qu'elle tenait dans les familles, dans la commune, dans la paroisse, et l'on concevra facilement les émotions, les troubles, les déchirements causés par son départ. Dans ces conditions, la retirer de la Ferté n'était-ce pas ébranler les fondements de l'Etablissement jusqu'alors sans brèche ni lézarde? En enlevant une personnalité de cette importance, n'était-ce point détacher la population du principe? La Communauté elle-même recevrait-elle de sœur Damien les services qu'elle en attendait à un âge où les forces trahissent les meilleures volontés? Telle était la thèse du curé de la Ferté réclamant au nom de tous le maintien de la sœur. On lui opposa le droit de la Congrégation et les dures nécessités où elle se trouvait. Monseigneur l'Evêque était ce jour là-même tombé dans une espèce d'agonie qui dura plusieurs jours ; le recours à son autorité était impossible. Le départ était urgent, il s'effectua le 22 février à la consternation de la Ferté, mais à la grande joie et consolation de la Communauté.

Et la nouvelle Assistante? quelles furent ses sentiments et ses impressions? Elle avait eu au moins le pressentiment de ce qui l'attendait, sa maison était en ordre comme si elle eût dû mourir et elle avait fait une confession générale quelques mois auparavant. « Soyez prêts, a dit le bon Maitre. » — Seigneur, que voulez-vous que je fasse? » telle était la disposition de sa servante. Malgré cette préparation, la nouvelle de son changement fut pour sœur Damien un coup de foudre. Elle en garda pourtant le secret une grande journée par ménagement pour les compagnes qu'elle allait quitter et aussi par prudence dans la crainte que l'émotion populaire ne vint contrarier la volonté de Dieu. Elle apprit à dix heures du soir que les démarches faites en faveur de son maintien avaient été infructueuses ; elle partit dès l'aurore du lendemain sans dire adieu à personne. « Ce que j'ai éprouvé en quittant la Ferté, Dieu seul le sait, parce que je ne saurais l'exprimer ; mais mon sacrifice était fait, je dis à Notre-Seigneur de bénir tous ceux avec qui j'avais pu faire quelque bien, et depuis, chaque fois que j'ai reçu la bénédiction du Très Saint-Sacrement dans notre chapelle, je l'ai envoyée à la Ferté. » Ces paroles sont tirées textuellement d'une de ses lettres, nous avons pourtant retranché les noms propres qu'elle citait particulièrement ; on comprendra le motif de cette suppression.

L'accueil qu'elle reçut à la maison-mère fut si cordial, si affectueux, elle y fut tout de suite entourée de tant de respect, on lui témoigna tant de confiance qu'elle se mit à l'œuvre sur le champ et tout entière, laissant à Dieu le soin de cicatriser la blessure faite à son cœur et résignée à la sentir toute sa vie si telle était la volonté divine.

Nous ne pouvens pas suivre son action à la Communauté. Ce serait pourtant une étude intéressante, car des sept membres du Conseil d'administration il n'y en a pas qui ait des fonctions aussi variées que l'assistante-visiteuse. Comme assistante, elle prend part au gouvernement de la maison, comme visiteuse elle s'enva à travers le monde, un peu comme le bon Pasteur voulant connaître toutes les brebis du bercail, les unir dans une seule bergerie de façon à ce qu'elles puissent toutes entendre la commune voix de la Règle, rappelant et cherchant au besoin les brebis égarées. Qu'on ne s'étonne pas de cette dernière hypothèse ; Notre-Seigneur ne montre-t-il pas sa bergerie composée de quatre-vingt-dix-neuf brebis fidèles et d'une qu'il a fallu rapporter du fond du désert meurtrie et ensanglantée par ses courses incertaines et les dangers qu'elle a courus. Quittons l'allégorie de l'Evangile pour un tableau plus réaliste ou plutôt voyons-en l'application dans les faits.

Sœur Damien à la Communauté était partout où elle voyait quelque chose à faire, si l'obéissance ne l'en empêchait pas. Elle croyait aider la chère Mère aussi bien dans une occupation toute matérielle que dans la surveillance dont elle était investie. Son abnégation était telle qu'on pouvait l'envoyer en ville, la retenir à la chapelle ou dans sa cellule, l'occuper au jardin ou à présider un exercice. On l'eût dérangée cent fois par jour qu'elle n'aurait proféré aucune plainte, heureuse d'obéir et de se dépenser de bonne humeur. La parole de S. Paul lui était familière : « De très grand cœur je me dépenserai et me surmènerai pour vos âmes. » Elle n'avait pas en vue la réglementation de la maison, mais l'exécution de la Règle ; elle en donnait l'exemple, et par là entraînait dans la régularité toutes les âmes de bonne volonté. Elle avait cependant ses occupations de prédilection ; la visite des anciennes sœurs retirées à la Communauté lui tenait au cœur, elle aimait à leur témoigner son affection et son respect, à les encourager, à partager quelquefois leurs occupations pour les leur faire trouver moins monotones et surtout pour leur montrer comment elles devaient les sanctifier par la pratique du silence et de la présence de Dieu. Plus d'une de ces vénérables sœurs a été édifiée jusqu'à la confusion, en voyant l'assistante de la chère Mère se mêler à celles qui épluchaient les légumes pour les repas de la Communauté et du Pensionnat. Les sœurs malades recevaient aussi des visites régulières ; elle les voyait tous les jours quand elle était à Langres et autant que possible dans la matinée, afin que ses premières actions de charité soient pour ces âmes privilégiées du Seigneur. Qu'on ne s'étonne pas de cette expression ; oui, les pauvres malades qui souffrent chrétiennement sont les âmes de N.-S. Jésus-Christ, puisqu'elles portent leur croix plus près de Lui. Toutes les fois qu'une opération douloureuse ou délicate était à faire à l'infirmerie, on y trouvait sœur Damien tout près du médecin pour l'aider dans sa fonction et fortifier la patiente de ses bonnes paroles et de ses pieuses exhortations.

Elle avait remarqué qu'un certain nombre de sœurs ayant quitté Langres depuis longtemps et habituées à l'habitation de leur résidence ne se présentaient à la maison-mère qu'avec une certaine timidité. N'y retrouvant d'ailleurs que des personnes qu'elles n'ont point connues intimement au temps de leur préparation religieuse, ces bonnes sœurs éprouvaient un peu l'impression qu'on ressent en entrant dans une maison étrangère. Sœur Damien comprenant que cela ne pouvait qu'être nuisible au bien de ces chères sœurs, s'empressait d'accueillir les nouvelles arrivantes, elle les conduisait elle-même au réfectoire et leur prodiguait tout d'abord les soins corporels d'une bonne mère soucieuse de la santé de ses enfants. Alors les religieuses se sentaient vraiment chez elles, et leurs ouvertures auprès des supérieurs étaient naturellement plus faciles comme aussi les observations qu'elles recevaient étaient mieux acceptées. Elle avait constaté cette disposition fâcheuse des sœurs bien avant d'être rappelée à la Communauté : « Que c'est étrange, disait-elle après la retraite de 1873 ou celle de 1874, dans les paroisses nous habitons une maison qui la plupart du temps appartient à la commune et nous nous y plaisons, tandis que quand nous arrivons à la maison-

mère, chez-nous, nous avons peur, nous nous regardons comme des étrangères ! » On comprend
après cette parole qu'elle ait fait des efforts à ce
point de vue dès qu'elle fut dans une position qui
lui rendait la tâche plus facile qu'à tout autre.

Nous ne parlerons pas de sa manière de traiter
avec les sœurs dans sa cellule lorsqu'elle devait sup.
pléer la chère Mère. Respect profond et attachement
sans borne à cette chère Mère et aux supérieurs en
général, compassion vive et sincère dans toutes les
misères qui lui était confiées, esprit tout religieux
dans ses décisions et ses conseils, oubli d'elle-même
en toute occasion, voilà ce qu'ont pu constater mieux
que nous les nombreuses sœurs qui ont eu des entretiens avec sœur Damien.

Il nous faut maintenant la suivre dans ses courses pour visiter les Etablissements.

Assurée de faire la volonté de Dieu et munie de la
bénédiction du Supérieur ecclésiastique ou de la révérende Mère, elle oubliait ou domptait toute fatigue
et marchait intrépide par tous les chemins, par toutes les saisons. Ses chères sœurs l'accueillaient avec
un véritable bonheur. On voulait la fêter ; mais elle
n'acceptait aucune exception au régime de la maison
en sa faveur. C'est à peine si on pouvait l'amener à
prendre quelques précautions hygiéniques réclamées
par son état de santé, tant elle craignait que son
exemple ne parût ériger en tolérance habituelle des
écarts qui ne sont autorisés qu'exceptionnellement
par la Règle. Et puis, l'assistante ne voulait pas
qu'après son départ aucune de ses sœurs eût à souffrir la moindre privation pour équilibrer les dépenses du pauvre budget de l'Etablissement qu'elle avait
visité. On peut même dire que son apparence de

bonne santé en voyage lui a fait commettre de véritables imprudences. Longtemps elle se crut « forte comme un homme », c'était son expression ; mais on ne conçoit pas une femme plus que sexagénaire faisant plusieurs jours dans une même semaine de vingt à trente kilomètres en voiture découverte par un froid de douze à quinze degrés.

A ces fatigues matérielles s'ajoutaient des peines morales très graves. La visite ordinaire des Etablissements l'eut plus soutenue que fatiguée à cause de la bonne volonté qu'elle constatait partout et des bonnes nouvelles qu'elle aimait tant à rapporter à la R. Mère ; mais on l'envoyait souvent pour dirimer des cas embarrassants, elle avait à traiter avec des administrations malveillantes, souvent hostiles, à débrouiller des ruses de toutes sortes mêlées à des agissements souvent déloyaux. Il lui fallut plus d'une fois subir l'insulte grossière qu'on n'inflige pas au dernier des commissionnaires. Que les laïcisateurs poursuivent leur œuvre diabolique, c'est leur affaire ; mais qu'ils rejettent l'odieux de l'exécution sur leurs victimes, c'est le comble de la lâcheté et de l'outrage. Sœur Damien le sentait vivement, son cœur se soulevait de dégoût, ses larmes coulaient avec abondance, et tout se terminait par la prière du divin Maître : « Mon Dieu, pardonnez-leur, car ils ne savent ce qu'ils font. »

Une autre espèce de mission revenait de temps en temps à la bonne visiteuse, celle d'assister une sœur mourante à ses derniers moments. Ici son cœur était à l'aise. Avant la mort, elle voulait que rien ne manquât à la pauvre malade, ni les soins médicaux, ni les consolations de l'amitié, ni surtout les secours spirituels. Son empressement était de tous les instants; on eût dit qu'elle oubliait toute la Communauté pour s'attacher à celle qui allait la quitter pour jamais; que dis-je? elle voulait remettre sainte à Notre-Seigneur l'âme qu'il avait confiée à la Congrégation de la Providence pour lui procurer le salut éternel. Après la mort, elle continuait son œuvre de charité en pourvoyant à l'exposition du corps, aux obsèques de la religieuse et à la consolation des parents de la défunte. Nous avons vu un vieillard verser des larmes d'attendrissement en racontant comment sœur Damien l'avait accueilli auprès du lit funèbre de sa chère enfant décédée religieuse de la Providence : « Je croyais avoir retrouvé ma fille. » Elle ne pouvait voir pleurer les autres sans pleurer elle-même, c'est ce qui la disposait si bien à consoler que ceux-là seulement ne l'ont pas été qui n'ont point voulu de la consolation.

Lorsqu'un Etablissement devenait ainsi vacant par la mort de l'économe, ou quand celle-ci devait résigner ses fonctions pour un temps, il n'était pas rare que sœur Damien ne fût chargée de l'intérim. Alors elle redevenait économe; l'assistante disparaissait presque entièrement, elle s'efforçait de se mettre au courant de la besogne et faisait en sorte qu'il y eût le moins de changement possible dans l'ordre de la maison. Elle savait par expérience que les changements amènent toujours quelque trouble et que la paix ne peut régner où il y a du trouble. Elle faisait avant tout observer la Règle, puis laissait subsister toutes les habitudes prises, même celles qui lui paraissaient susceptibles de réforme. Une plaisante histoire montre jusqu'où allait sa délicatesse sous ce rapport. Dans une maison, l'Econome vraiment économe, pour faire un bon emploi de l'herbe dont pouvait disposer son Etablissement, s'était mise à élever des lapins ; sœur Damien arrive comme intérimaire ; d'assistante de la chère Mère, il fallait se constituer fille de basse-cour ou bien faire une hécatombe d'une soixantaine d'animaux petits ou grands ; elle eût pris volontiers ce dernier parti en faveur des sœurs du voisinage et au besoin de la maison de Langres, mais en agissant ainsi elle eût paru blâmer l'économe en une chose que la Règle ne réprouve pas, elle n'était là qu'en passant, elle ne voulut pas prendre cette initiative, elle laissa subsistsr la population rongeuse tout entière et se condamna à couper soir et matin l'herbe pour la nourrir. Une économe ne peut modifier l'ordre d'une maison qu'avec le temps, c'est pourquoi sœur Damien s'efforçait partout à remettre les choses à sa remplaçante dans l'état où on les lui avait confiées. Elle semait ainsi au passage de précieuses leçons.

Il y a encore une espèce de mission assez délicate pour une visiteuse. Les saints, a-t-on dit, vivent difficilement côte à côte. Avec la même Règle, le même esprit religieux, les sœurs d'une même maison et, à plus forte raison celles de deux établissements voisins peuvent ne pas être constamment en accord parfait ; il faut même quelquefois l'intermédiaire d'une tierce personne pour rétablir l'harmonie un instant troublée. Sœur Damien excellait dans cette partie ; son cœur se donnait à toutes, puis elle cherchait à élargir les esprits et à les élever afin de faire voir que ces sortes d'animosités n'ont aucun fondement appréciable et ne sont que des ruses du démon pour détourner les âmes religieuses de la charité. Nous ne pouvons résister au désir de reproduire ici un témoignage spontané que nous avons reçu d'un ecclésias-

tique très recommandable : « Que j'aurais été heu-
« reux d'assister à ses obsèques! Sœur Damien n'a
« passé parmi nous que quelques semaines..Combien
« j'ai admiré son tact, sa sagesse, sa discrétion et
« surtout sa piété et son esprit religieux! combien
« j'ai béni son ministère! Elle a fait à nos maisons
« dans sa courte apparition un bien notable dont
« j'apprécie tous les jours les heureux fruits. Elle a
« été en un mot la mère pacifique et ferme tout à la
« fois. »

A propos de sa fermeté, nous devons dire qu'elle
n'en manquait pas et que son cœur si tendre, si
compatissant, ne l'empêchait pas de dire quand il le
fallait, de dures vérités. Elle prenait sur elle l'odieux
de ces corrections fraternelles quand elle était chargée de les faire au nom de la chère Mère, ce qui
prouve qu'elle agissait sans faiblesse et qu'elle voulait en cela même adoucir autant que possible le joug
de l'autorité :

Enfin, nous ne pouvons mieux terminer ce chapitre qu'en reproduisant la page émue que la R. Mère
a écrite au sujet de sœur Damien dans sa circu-
laire du jour de l'an 1888.

« Sœur Damien, je n'ai qu'à prononcer son nom
« pour que j'éveille dans vos cœurs les plus doux
« souvenirs. Son dévouement ne connaissait pas de
« bornes et ne reculait devant aucun sacrifice. Il
« prenait sa source dans une piété suave et éclai-
« rée ; dans un ardent amour pour son Dieu où cette
« excellente religieuse puisait sa charité pour
« le prochain et son attachement si vif pour sa Com-
« munauté. Combien elle l'aimait, cette chère Com-
« munauté! Comme elle tenait à son honneur et au
« bon esprit de ses enfants!... S'agissait-il de faire

« un voyage pénible quelquefois pour encourager
« une âme et lui communiquer cet esprit religieux
« dont elle était animée, elle était toujours prête. Le
« repos semblait lui être à charge. Elle n'était pas
« remise des fatigues d'un voyage qu'elle venait me
« dire : « Où m'envoyez-vous maintenant? » Il fallait
« modérer son zèle. Elle avait un cœur d'apôtre. Elle
« avait pour nos saintes Règles un respect religieux,
« et rien n'attristait son âme comme d'apprendre que
« dans une maison la règle n'était pas observée, que
« l'esprit du monde s'y mêlait à l'esprit de l'Évan-
« gile. Avec de telles qualités, sœur Damien ne
« pouvait manquer de faire beaucoup de bien, et
« elle en fit beaucoup. Aussi sa perte me rendrait in-
« consolable si je ne pensais qu'elle continue au Ciel
« le bien qu'elle a commencé sur la terre. Oui, elle
« nous a trop aimés pour que maintenant elle nous
« oublie auprès de Dieu. Elle a été trop sensible à
« nos épreuves pour qu'elle n'en demande pas à
« présent la délivrance. »

VII

VIE INTÉRIEURE DE SOEUR DAMIEN

Par ce qui précède, la vie intérieure de sœur Damien doit être déjà connue de ceux qui ont voulu
lire avec un peu d'attention. Quand on avait vu une
fois sa franche et bonne physionomie, on ne l'oubliait plus, c'était une figure qu'on reconnaissait facilement, quel que soit le laps de temps écoulé depuis la première entrevue. De même, quand on avait

conversé quelque peu avec elle, il n'était pas nécessaire d'avoir un talent d'observation bien perspicace pour constater les richesses de ce cœur si profondément religieux. Ce chapitre aurait donc été inutile si nous avions pu sortir davantage des considérations générales et raconter d'une manière plus concrète la vie de sœur Damien ; mais la discrétion et la prudence ayant trop souvent arrêté notre plume, nous devons donner un complément d'observations sur sa vie intérieure. Tel est le sens du titre donné à ce septième chapitre.

En premier lieu, il nous faut découvrir le grand ressort qui donnait à cette horloge mystique de marquer constamment l'heure du bon Dieu. Ce ressort de la vie intérieure de sœur Damien était l'amour de Jésus-Eucharistie. Voilà la source de sa piété, l'aliment de sa charité pour les âmes souffrantes, le soutien de son courage dans les sacrifices, l'excitant de son zèle pour la gloire de Dieu et le salut des âmes.

Elle avait une connaissance théologique très exacte sur la transsubstantiation, sur l'état de Jésus-Hostie, sur les effets de la sainte Communion, sur les rapports de l'Incarnation avec le Très Saint-Sacrement. Quand on la mettait sur ces sujets, elle commençait par dire : « Je ne suis pas savante ; mais il me semble que cela doit être ainsi. » Puis elle faisait avec sa simplicité qui excluait toute idée de recherche, un exposé très net et très imagé de la vraie doctrine. Elle s'arrêtait souvent après une de ses comparaisons originales et disait : « Voyez donc quelle imagination furibonde le bon Dieu m'a donnée : riez si vous voulez ; mais je me fais bien contente parfois avec toutes ces images. » Elle ne laissait perdre aucune lecture, aucun sermon sur l'Eucharistie. » Bien souvent elle disait à ses compagnes après une instruction : « Nos sœurs, avez-vous remarqué tel passage? Eh bien, moi je voyais cela en réalité au-dedans de moi. » Quand on voulait un peu contrarier l'expression de ses sentiments en lui demandant si elle avait donc des extases, elle répondait : « Il s'agit bien de cela ! dites ce que vous voulez, laissez-moi me faire heureuse avec ces pensées, j'ai toujours cela en passant; oh ! que les gens du monde sont malheureux de n'avoir pas assez de foi ! »

Si la vivacité de la sienne la rendait si heureuse, que dire des ardeurs de sa charité pour Notre-Seigneur dans l'auguste Sacrement? Il s'est passé ici quelque chose d'ineffable. Nous en parlerions plus explicitement si les confidences que nous avons reçues n'avaient pas eu tant de rapports avec la direction de sa conscience.

Un jour, je la trouve lisant les œuvres de sainte Thérèse : « Expliquez-moi donc cela, me dit-elle. » Il s'agissait de savoir si le phénomène produit pendant une oraison de la séraphique Mère s'était passé dans son imagination et dans son intelligence seulement ou s'il y avait une réalité objective extrinsèque. Je lui récitai à peu près une leçon apprise dans Schram ou saint François de Sales. Elle écouta avec une attention très recueillie, puis elle ajouta : « Je crois que je comprends » et elle m'expliqua comment les actes de l'amour de Dieu pouvaient produire des effets plus ou moins élevés dans la sensibilité et dans l'intelligence. Je vis par cette communication et par plusieurs autres de même nature qu'elle avait l'expérience des ardeurs que l'Eucharistie communique extraordinairement aux âmes privilégiées.

Elle éprouva aussi pendant longtemps les craintes qu'inspire cet état d'union à cause des effets qu'il peut produire dans la partie inférieure de l'âme et jusque dans les sens extérieurs. C'est pourquoi elle se livrait à des austérités qu'on dut lui interdire parce qu'elles dépassaient les limites de la prudence et n'auraient pas atteint le but désiré. Elle se soumit avec une docilité d'enfant en cela comme en tout le reste de sa conduite.

« Là où est votre trésor, a dit le divin Maître, là aussi sera votre cœur. » Sœur Damien gardait habituellement la présence de Dieu ; mais c'est à la porte du Tabernacle qu'elle se transportait en esprit pour ce saint exercice. C'est là également qu'elle faisait de l'oraison mentale la préparation prochaine et l'adoration. « Quand j'y suis, disait-elle naïvement, j'ai de la peine à aller plus loin dans la méditation ; la plupart du temps, je me tiens à la porte du tabernacle. » Elle aimait à entendre l'explication de la méthode d'oraison, elle la relisait de temps en temps. En pratique, elle aurait bien voulu se pénétrer du point proposé pour la partie de l'oraison qui s'appelle la conviction ; mais arrivée à la porte du tabernacle pour l'adoration, tout disparaissait, il n'y avait plus que la contemplation de Jésus-Eucharistie. Pendant ses insomnies et ses instants de solitude, elle tenait compagnie à Notre-Seigneur au Très Saint-Sacrement. Ce qui lui plaisait le plus dans sa chère maison de Langres, c'était de penser qu'elle était dans la maison de Dieu, parce qu'un même toit abritait sa cellule et le tabernacle de l'Eucharistie.

On comprend après cela pourquoi pendant toute sa vie, elle multipliait tant ses visites à l'église. Que de fois on a dit d'elle : « Sœur Damien, toujours à l'église ! » C'était la traduction de cet éloge de Népotien fait par saint Jérôme : *Ubicumque cum quæreres, in ecclesia invenires,* « Si on le cherchait quelque part, c'est à l'église qu'on le trouvait. » Pour ses innombrables visites au Saint-Sacrement, sœur Damien ne se plongeait pas dans une longue oraison ni ne se perdait pas dans un flot de prières vocales, un instant d'une adoration pleine de foi et d'amour, quelques recommandations pressantes à Notre-Seigneur avec une petite résolution, voilà ce qui occupait la partie recueillie de sa visite ; puis elle levait les yeux et apercevait toujours quelque chose de défectueux dans la demeure de son Jésus, alors elle s'adonnait selon le temps dont elle pouvait disposer aux soins qu'Il demande de nous, quoi qu'Il puisse s'en passer. Sœur Damien, comme une fille toute dévouée pour un Père qu'elle aime tendrement, faisait le tour de l'autel, redressait un cierge, chassait une araignée, remettait en place un objet dérangé, tenait la sacristie en bon ordre, nous dirions volontiers qu'elle en était aux petits soins pour le bon Jésus, s'il pouvait y avoir quelque chose de petit dans le service de notre Dieu.

Mentionnerons-nous son zèle pour l'entretien des linges et des ornements sacrés, son habileté dans ce genre de travaux, son adresse à provoquer des dons généreux pour l'hôte si oublié de nos églises, son goût exquis pour la décoration des autels et pour l'érection des reposoirs ? Elle était si heureuse au milieu de ces occupations, que les dernières années de son séjour à la Ferté, quand elle se plaignait de quelque fatigue extraordinaire, ses compagnes lui disaient plaisamment : « Patience, ma sœur Damien, voici le Jeudi-Saint, la Fête-Dieu, l'Adoration perpétuelle, le mois de Marie, vous aurez bientôt un reposoir à bâtir. »

C'est dire que son inépuisable activité, comme toutes les autres vertus de sœur Damien, avaient sa source dans l'Eucharistie.

Nous ne parlerons pas de la manière dont elle pratiquait la mortification. Comme le bienheureux Berchmans, elle pouvait dire : « Ma plus grande pénitence, c'est la vie commune. » Supporter toutes les peines inhérentes à la vie religieuse dans le monde, prendre pour maxime cette parole qu'elle prononçait si souvent : « Allons, encore un sacrifice de plus ; encore une consolation de moins. » Voilà avec les jeûnes et les abstinences de l'Eglise tant qu'on les lui permit et avec quelques pénitences extraordinaires plus à admirer qu'à imiter, ce qui faisait le mérite de cette âme au point de vue de l'esprit de mortification.

Nous ne traiterons pas davantage la question de régularité dans les exercices de piété. Dire qu'ils sont dans la Règle, c'est dire que sœur Damien les a pratiqués avec fidélité et tout le soin qu'ils demandent pour servir à la perfection chrétienne.

Mais en étudiant dans ce qui précède ce modèle de vie chrétienne et religieuse, on a pu se demander si sœur Damien était si privilégiée de la grâce de Dieu qu'elle n'ait point connu les épreuves ordinaires de la vertu. A cette question délicate entre toutes, nous devons répondre que cette vie a été à la vérité tout d'une pièce, sans fournir dans sa carrière de ces défaillances, de ces alternatives de bien et de mal que

ceux qui les éprouvent doivent faire disparaître pour
conserver leur vocation. Mais cette rare vertu n'en
n'a pas été moins éprouvée. Elle eut à subir aussi
nombreuses et aussi fortes que qui que ce soit les
tentations intérieures et extérieures par lesquelles
il plaît à Dieu d'éprouver tous ceux qui veulent se
donner à lui, et particulièrement les personnes religieuses. Si sœur Damien avait tant de compassion
pour les pauvres âmes égarées, c'est qu'elle connaissait par expérience toutes les ruses et toutes les per-
fidies de l'esprit du mal. Avec la grâce de Dieu qui
ne fait défaut à personne, deux moyens l'ont sauvée
des graves périls où sa vertu et peut-être sa vocation
eussent sombré sans retour : sa fermeté de caractère
contre les suppôts de Satan et son ouverture de
conscience à l'égard de son confesseur. Le raisonne-
ment et les hésitations ne valent rien, ce sont les
plis tortueux du serpent, une parole impitoyable doit
lui écraser la tête : telle fut l'attitude de sœur Damien. Et puis, elle eut toujours à sa portée un confesseur qui put comprendre ses épreuves et lui donner les avis dont elle avait besoin pour sortir saine
et sauve du combat spirituel. Elle se trouva quelquefois dans d'inextricables difficultés dont ne pouvaient
la tirer ni le confesseur ordinaire ni le confesseur
extraordinaire ; alors la divine Providence lui ména-
geait un voyage imprévu et elle trouvait sur son chemin un homme de Dieu qui la comprenait et la sau-
vait du péril.

Ces quelques mots doivent suffire pour montrer
que l'âme de sœur Damien a été solidement trem-
pée dans la fournaise des tribulations et des tentations, et pour enseigner à ceux qui liront cette
page qu'il n'y a danger si grave dont on ne puisse

avec de la bonne volonté se retirer sans dommage pour la vertu.

VIII

DERNIÈRE MALADIE DE Sʳ DAMIEN. SON PÈLERINAGE A LOURDES. SA MORT, SES OBSÈQUES.

Les courses de sœur Damien à travers le département pendant l'hiver 1886-87 achevèrent d'ébranler sa santé. Les peines morales qu'elle avait endurées dans cette tournée n'y contribuèrent pas moins que les longs trajets qu'elle avait fait par un froid très rigoureux. Dans une mairie, par exemple, on l'avait traitée de menteuse ; elle avait éprouvé de cet outrage je ne sais quel brisement intérieur qui lui a fait dire plusieurs fois depuis : « Ce jour là, j'ai reçu le coup de la mort. » Quand elle était de retour à la Communauté, le bonheur de sa chère solitude et l'amitié dont elle était entourée lui faisaient oublier les soins particuliers qu'exigeait son état maladif. D'ailleurs c'était pour elle une torture que de recevoir des soins d'exception. Le médecin de la maison comprit bien vite que cette santé n'offrait plus guère d'espoir de rétablissement et, qu'il fallait éloigner sœur Damien de Langres et de ses occupations ordinaires.

Elle fit un premier séjour à Montbard au mois de Mai 1887, où des soins intelligents et dévoués non moins qu'affectueux lui procurèrent une période de soulagement. Nouveau retour à Langres, quelques voyages encore ; puis, nouvelle rechute. Le médecin veut l'envoyer aux eaux pour une dyspepsie opiniâtre ; la malade ne s'en soucie pas, et elle refusera formellement dès qu'elle sera assurée de faire le pèlerinage de Lourdes. On l'envoie à la Ferté où elle avait déjà repris des forces en très-peu de temps l'année précédente ; c'était pour elle comme l'air natal.

Elle y arriva toute joyeuse le 7 juin, mardi avant la Fête-Dieu. En arrivant, elle s'écrie : « Nos sœurs, je viens mourir ici, c'est fini ! Elle était dans sa chère Ferté, elle retrouvait ses quatre anciennes compagnes, quatre enfants qu'elle avait formées à la vie religieuse et qui lui avaient conservé une affection toute filiale. Le repos lui était bon, elle en profitait ; mais son état ne s'améliora pas d'une manière notable. On put dès lors juger que cette maladie était le commencement de la fin. Néanmoins, le contentement qu'éprouvait la malade lui faisait croire à un retour de ses forces. Aussi, sur un mot qu'elle prit pour un désir de la chère Mère, elle repartit pour Langres le 4 août, pensant être encore utile en attendant le départ pour Lourdes lequel devait s'effectuer le lendemain de l'Assomption.

A peine réinstallée à son poste, sœur Damien fut plus mal, il fallut même un jour le secours des sœurs pour la ramener de la chapelle dans sa chambre. Les dernières illusions tombèrent ; on n'eut plus à la Communauté d'autre espoir qu'en Dieu et dans la protection de la très-sainte Vierge.

Le pèlerinage de sœur Damien à Lourdes était décidé depuis quelques mois : on put craindre sérieusement que ce vœu ne s'accomplît pas. Il n'est peut-être pas inutile de dire ici que par esprit de

4

pauvreté, elle n'aurait pas voulu demander à sa Communauté de faire pour elle les frais de voyage; mais la divine Providence y pourvut. Une amie en mourant pria notre sœur de faire ce pieux pèlerinage et lui laissa entre les mains un petit pécule destiné à en couvrir les principales dépenses. La Communauté lui adjoignit une compagne pour la soigner dans le trajet. Et tout étant ainsi préparé, sœur Damien quitte son lit malgré l'avis du médecin, et s'embarque avec le groupe Langrois du pèlerinage Alsacien-Lorrain.

Que dire du voyage? A mesure que les pèlerins se fatiguaient, sœur Damien reprenait des forces. A Paray-le-Monial elle va passablement. Quelle joie pour elle de visiter le sanctuaire, où N. S. daigna révéler son cœur à la B. Marguerite-Marie et de communier dans la basilique du Sacré-Cœur! Elle marchait déjà d'un pas ferme et presque rapide pour aller à l'avenue de Charolles où l'on voit de près la première chapelle dédiée au Sacré-Cœur de Jésus, érigée par les soins de la Bienheureuse. La station au Puy est un véritable repos en Dieu et en sa sainte Mère. Les sœurs de la Charité qui donnèrent l'hospitalité aux religieuses du pèlerinage furent pleines d'égards, d'attentions délicates et de vénération pour sœur Damien qu'elles appelaient si respectueusement : « Madame la Supérieure. » Si jamais ces lignes leur tombent sous les yeux, qu'elles veuillent bien recevoir nos humbles félicitations et sachent que celles envers qui elles ont été si gracieuses, si généreuses, gardent pour elles les sentiments de la plus vive reconnaissance devant Dieu.

Du Puy à Lourdes il faut encore passer vingt

heures en chemin de fer sans descendre. Sr Damien va de mieux en mieux ; elle chante avec les autres pèlerins l'*Ave maris stella*, récite le chapelet à haute voix sans perdre un *Ave*, s'occupe des malades qui l'environnent ; si ce n'était son visage un peu pâle, vous la croiriez dans le meilleur état possible. Pendant ce trajet, elle apprit à prononcer une invocation à la Ste Vierge sur un ton qu'elle conserva jusqu'à son dernier soupir. Ceux qui l'ont suivie à Lourdes et dans sa dernière agonie, n'oublieront jamais cet accent d'amour, de confiance et de piété avec lequel elle répétait si souvent : « O ma bonne Mère ! »

La voici à Lourdes, ses vœux sont accomplis. Elle va tout de suite à la grotte et boire à la fontaine, puis vient prendre un peu de repos Villa Ste Rose, hôtellerie irréprochable où l'on reçoit chrétiennement les pèlerins qui veulent y descendre. Dans l'après midi elle accomplit un autre désir de la Sainte Vierge : Allez vous laver à la source, » avait dit Marie à Bernadette ; sœur Damien vint sitôt qu'elle le put se plonger dans la piscine. On parle de guérisons miraculeuses opérées tout en arrivant : « Et moi aussi, dit Sœur Damien, je crois que je suis guérie ; ne faisons point de bruit, mais continuons à prier la bonne Mère. » A partir de ce moment, on put en effet croire sa santé complètement rétablie, comme on le verra par la suite de ce récit.

Le soir de ce premier jour, il y a procession aux flambeaux, la prudence lui commande de se priver de ce beau spectacle, elle en fait le sacrifice. Elle vient donc à la grotte faire sa dernière visite à Marie pour retourner ensuite à son logis ; elle fait la rencontre du prêtre qui le premier lui avait conseillé le repos, mais qui ravi lui-même des préparatifs de la procession se serait reproché d'avoir pu priver une seule âme de cette consolation, ne fût ce que par l'influence d'un conseil : « Ma sœur, lui dit-il, je crois qu'il faut aller à la procession, la sainte Vierge qui a demandé des processions ne peut qu'être contente de votre démarche. » Il n'en fallait pas tant pour la décider : « Oui, partons, dit-elle, la bonne Mère nous bénira en nous accordant de bien reposer après la procession » et sa parole entraîne un autre pèlerin de la même caravane qui comme elle avait cru devoir se reposer le premier soir. Aucun trouble de santé, aucun accident ne marqua cette soirée; sœur Damien rentra à son hôtel vers onze heures, heureuse comme si sa bonne Mère lui avait un peu entr'ouvert la porte du Ciel.

Dans la journée du samedi 20 août, elle acheva de se conformer aux désirs de l'Apparition : « Pénitence ! pénitence ! pénitence ! » Quand on va à Lourdes, il faut faire pénitence non seulement en supportant avec patience les incommodités et les désagréments du voyage, mais surtout en recevant le sacrement de la Pénitence. Il n'y a pas de meilleure interprétation des paroles de la Très-Sainte Vierge. Aussi, les miracles qui s'opèrent au saint Tribunal ne sont pas moins remarquables que ceux de la grotte de Massabielle. Ce jour là fut donc jour de confession pour sœur Damien et pour ceux qui l'accompagnaient. Le temps du reste était pluvieux, c'était ce qu'il fallait pour compléter l'œuvre de pénitence à accomplir.

Le dimanche, journée magnifique, les offices se célèbrent solennellement, et le soir après Vêpres on se rend processionnellement aux grottes Espeluges, pour la bénédiction d'une statue de sainte Magdeleine offerte par le diocèse de Marseille. Là deux choses enthousiasmèrent sœur Damien, la beauté naturelle de ces grottes et le culte de sainte Magdeleine. « Oh ! voyez donc que c'est beau ! regardez donc ces voûtes de rochers ! que le bon Dieu est puissant ! quels beaux sanctuaires il sait bâtir ! et puis, voici notre sainte Magdeleine, patronne de la Ferté ! Bonne sainte Magdeleine, priez pour nous ! » Ce sont ses exclamations en arrivant dans ces immenses cavités. Après ce premier moment d'exaltation, la piété de sœur Damien subit un instant d'inquiétude. En cela, beaucoup de pèlerins partageaient son sentiment. Vous figurez-vous cinq ou six cents personnes entassées dans ces deux grottes qui ne communiquaient que par un défilé très étroit, un nombre égal de fidèles restés dehors et essayant de pénétrer à l'intérieur ; le chemin qui y donne accès ne pouvant laisser marcher que trois personnes de front ; tout à côté un escarpement de plusieurs mètres et pour la sortie même largeur de chemin, même escarpement. Les organisateurs étaient dans le désarroi, le moindre incident fâcheux pouvait causer des malheurs ; mais la foule était admirablement disposée à l'obéissance. Quand on eut compris que le R. P. Marie-Antoine, capucin bien connu, allait prêcher, le silence se fit, l'ordre se rétablit et l'auditoire poussa bientôt des vivats de joie et d'espérance en faveur de l'Eglise et de la France. Néanmoins, le sermon terminé, sœur Damien fut une des premières à revenir à la grotte de Massabielle sans suivre plus loin la procession. Elle émettait timidement une réflexion que d'autres pèlerins formulèrent plus hardiment. C'est que l'idée de placer l'image

de Ste Magdeleine et un autel dans ces superbes
grottes était excellente, afin que les pèlerins en visi-
tant ces curiosités naturelles ne fussent pas distraits
de l'atmosphère surnaturelle qu'on respire en ces
lieux de bénédictions ; mais on ne saurait accepterqu'a-
vec une réserve respectueuse la pensée d'y attirer
les pèlerins comme à la grotte de Massabielle. Le
prédicateur a bien pu dire que « la France pénitente
passerait sous ces voûtes comme devant les rochers
de Massabielle, et que ce splendide sanctuaire érigé
par le Créateur serait aussi un lieu de miracle quelque jour, » c'est un beau mouvement oratoire, mais
reste à savoir si la Ste Vierge en disant : « Je dé-
sire voir ici beaucoup de monde, » désignait un lieu
plus étendu que celui de Massabielle. Sœur Damien
communiqua cette pensée à un pèlerin qui lui répondit : « Si le P. Marie-Antoine l'a dit, vous pouvez être sûre que cela arrivera » elle ne fut pas con-
vaincue. Jusqu'à plus complète manifestation de la
volonté divine, si vous allez jamais à Lourdes, je
vous conseille de faire comme celle que nous venons
d'y suivre pas à pas. Allez d'abord à la grotte de
l'Apparition, buvez l'eau de la source miraculeuse,
lavez votre visage en songeant à la purification de
votre âme, plongez-vous dans les piscines si vous
avez à demander quelque guérison corporelle ; mon-
tez à la basilique, cette chapelle demandée par la
Ste Vierge, entrez au confessionnal, allez à la Table
Sainte, récitez votre rosaire, priez pour les pécheurs
sous le regard de la Mère des miséricordes ; prenez
part aux processions, tout cela est agréable à la
Ste Vierge, vous en avez la certitude, puisque c'est
son désir formellement exprimé. Puis, si vous voulez visiter les environs, gravir les montagnes, allez

sans inquiétude, c'est bien permis, votre curiosité n'est pas mauvaise, surtout si vous vous arrêtez à la croix de Jérusalem pour saluer d'un *Vexilla regis* l'arbre de notre Rédemption ; allez jusqu'aux grottes Espéluges, dites à Ste Magdeleine de vous aider dans l'œuvre de votre pèlerinage ; mais n'épuisez pas vos forces physiques ni même vos sentiments pieux dans ces excursions, retournez vite à l'endroit choisi par la Ste Vierge elle-même, prenez comme sœur Damien le chemin le plus court, vous n'y serez jamais trop tôt, ni jamais assez.

On ne va pas à Lourdes sans visiter Betharram, c'est aussi un lieu consacré par des manifestations de la Mère de Dieu et par les miracles du crucifix. Sœur Damien guérie, au moins pour un temps, entreprit comme les autres Langrois ce pèlerinage doublement fatigant et par la nature des lieux et par la chaleur qu'il faisait le lundi 22 du mois d'août. Les pèlerins se divisèrent en différents groupes pour gravir la sainte montagne en faisant le chemin de la croix; sœur Damien monta comme les autres et fit son chemin de croix avec sa piété accoutumée. Lorsqu'on fut arrivé au sommet, elle prit part à une réfection primitive ; on fit une distribution de pommes à demi-mûres, elle en mangea sa part sans être incommodée ; puis, une demi-heure après elle mangeait gaiment, je dirais presque qu'elle dévorait avec un vif appétit son pain sec sur le talus du chemin de fer en attendant le départ du train qui devait reconduire les pèlerins à Lourdes.

Aussi, le lendemain, elle prend familièrement la main de la compagne que la Communauté lui avait adjointe pour la soigner et lui dit tout bas : « Je suis guérie, allons réciter ensemble le *Magnificat*. Il faut dire encore que le Directeur diocésain l'avait décidée pour la plus grande gloire de Dieu à se présenter au Bureau des constatations. Monsieur de saint Macloux l'interrogea avec son affabilité ordinaire, l'engagea à donner de ses nouvelles quand elle serait rentrée à la Maison-mère et se recommanda à ses prières. La prudence du savant l'empêcha de conclure immédiatement à l'existence d'un miracle, mais la foi du chrétien lui fit découvrir la religieuse. Voilà ce qui explique à la fois sa réserve comme médecin et son abandon comme chrétien. Malgré l'espèce de secret dans lequelle s'était opérée cette guérison (nous l'appelons guérison puisque les symptômes de la maladie avaient disparu) la Communauté de Langres et bon nombre de personnes connaissant sœur Damien en étaient déjà informées ; chacun rendait grâce à Dieu.

Le retour s'effectua par Paris. On reprit le chemin de fer à Lourdes dans la matinée du mercredi 24 août par une chaleur tropicale. Après une nuit passée en wagon, la même chaleur accablait les pèlerins en arrivant à Paris, vers onze heures le jeudi 25. Sœur Damien supporta cette fatigue sans difficulté, assista le soir à la réunion des pèlerins à Montmartre dans la basilique du Sacré-Cœur, heureuse de terminer son pèlerinage comme elle l'avait commencé par un hommage au Sacré-Cœur de Jésus. Dira-t-on que l'exaltation mentale l'empêchait de sentir la fatigue ? non, car elle l'éprouvait comme tout le monde, mais sans trouble pathologique. Ainsi, qu'on me pardonne ce détail, pendant que le prédicateur, sans songer à la nuit passée en chemin de fer, rappelait avec éloquence les bontés du Cœur de Jésus et félicitait les pèlerins de leur dévotion au Sacré-Cœur, sœur Damien comme beaucoup d'autres s'endormit paisiblement sur sa chaise.

De Paris à Langres, encore une nuit de fatigues ; on arrive vers sept heures du matin chez soi, brisé, moulu ; tout le monde songe au repos réparateur excepté sœur Damien, qui le soir même commence à présider les exercices de piété de la retraite des religieuses. Comme on lui faisait observer qu'elle ne devait pas assumer sur elle une semblable détermination : « La Ste Vierge, disait-elle, ne m'a pas redonné des forces pour rien, je veux les employer à soulager notre pauvre Mère. Que deviendrait-elle, cette chère Mère, si je lui faisais défaut en cette circonstance? Du reste, j'ai demandé à la Ste Vierge de pouvoir faire la retraite et de mourir ensuite. » Déjà à Lourdes, au premier moment où.elle se crut assurée de sa guérison, elle avait dit : « Je ferai la retraite; je mourrai ensuite s'il plait à Dieu et à la bonne Mère. »

Devant cette volonté décidée que nous n'oserions condamner aujourd'hui, il n'y avait pas à faire opposition. La voilà en retraite. Les supérieurs veulent la ménager; en dehors des exercices on veut que les sœurs la laissent reposer cette année et ne viennent pas communiquer avec elle de leurs affaires. Toutes les retraitantes le comprirent ; mais cela n'empêcha point sœur Damien de recevoir encore de nombreuses visites. Beaucoup de religieuses voulaient la voir pour la féliciter de sa guérison et, comme si elles eussent été mues par un fatal pressentiment, recueillir d'elle encore quelques paroles qu'elles pussent regarder comme des adieux. Elle même, comme si elle eût partagé ce pressentiment de sa fin prochaine redoublait d'affabilité envers les sœurs, ce qui les édifia autant que les bons conseils qu'elle aurait pu leur donner.

Après la retraite, elle reste encore neuf jours à Langres dans une grande gêne et une extrême faiblesse. Elle avait la liberté de rentrer à la Ferté ; il lui fallait un ordre, elle l'attendit. Mais elle comprit qu'en cela elle avait exagéré le principe d'obéissance. « Je paye bien cher mes neuf jours, » disait-elle au milieu des crises suffocantes qu'elle endura quelques jours après.

Du 9 septembre jour de son dernier retour à la Ferté, jusqu'au vingt deux octobre jour de sa mort, nous n'avons qu'à faire le journal d'une maladie qui suit son cours normal en s'aggravant de jour en jour, malgré quelques faibles intermittences, jusqu'à la catastrophe finale.

Le dimanche 11 septembre, elle assiste à la Messe basse où elle fait la sainte communion, et encore le lendemain, jour où on la disait pour son ancien curé, M. Prudent. Le 13, elle fait une promenade à la prairie dans l'après midi, et le soir elle prend le lit pour le garder ordinairement et ne plus quitter la chambre. Le 14, elle est prise de vomissements convulsifs très douloureux. Cet état dure près de quinze jours avec une intensité toujours croissante. Ce n'était pas moins de quatre ou cinq crises par jour, de plusieurs heures chacune, et quelquefois les instants de rémission étaient si courts qu'on pouvait trouver la crise continuelle. Pendant cette période aigüe, elle reçut la visite de la Chère Mère et de la Maîtresse des novices ; ces jours-là, elle put dominer la maladie et se montrer relativement en bon état. De même elle eut encore çà et là un jour ou deux pour redonner du courage à ses infirmières et faire naître de ces illusions qui font du bien. Cependant sœur Damien ne partageait pas ces illusions, elle se confessa chaque semaine en vue d'une mort prochaine, et plusieurs fois demanda le sacrement de l'Extrême-Onction. Quand son confesseur lui faisait observer qu'il n'était pas encore temps : Vous savez, disait-elle, que c'est vous qui avez la charge de mon âme ; si vous me laissez mourir sans sacrements, vous aurez cela sur la conscience. »

Après cette période aiguë de souffrances, notre malade tomba dans la prostration des forces ; mais elle dormait paisiblement et reprenait de la nourriture sans trop de difficulté. Elle s'affaiblissait néanmoins tout en concevant l'espoir de guérir. Quelques paroles incohérentes prononcées le vendredi 14 octobre firent craindre soit le retour des vomissements, soit un état plus désespéré ; elle fut jugée assez malade pour recevoir la sainte Communion en Viatique, ce qui fut fait le samedi 15, fête de Ste Thérèse pour qui sœur Damien avait une dévotion particulière. C'est ce qui explique l'épanouissement extraordinaire du visage malade de sœur Damien quand dans la journée M. le Curé lui disait : « Vous voilà un peu comme sainte Thérèse, vous avec vu ce matin la main de N. S., cette main qui a souffert, cette main qui bénit, qui relève, qui soulage, qui appesantit aussi quelquefois : vous souvenez-vous de ce trait ? » — « Oh ! je ne l'ai pas oublié, » répondait-elle avec l'accent de contentement qu'elle avait quand on lui procurait quelque satisfaction. Nous assistons désormais à sa préparation à la mort.

Le soir de ce même jour, on ne pouvait plus se faire d'illusion. Ainsi que l'écrivait le curé de la Ferté à M. le supérieur de la Providence, sœur Damien était arrivée à ses derniers jours et d'un instant à l'autre elle pouvait être à son dernier moment. On commença à laisser monter dans sa chambre les visiteurs qui osèrent demander de la voir encore. Un grand nombre de personnes auraient désiré cette faveur ; elles se contentaient de faire prendre chaque jour des nouvelles. C'était bien une faveur en effet, car malgré sa faiblesse et son abattement sœur Damien retrouvait pour tous son bon sourire, des traits de sa présence d'esprit et quelques mots gracieux. On la quittait avec regret, les larmes aux yeux en songeant que ces entrevues étaient de véritables adieux.

Elle put aussi dire quelques mots à ses compagnes en prévision de sa mort ; mais ces recommandations furent d'autant plus rares et plus courtes que plus l'état de sœur Damien s'aggravait moins elle s'en apercevait. Le Seigneur l'a voulu ainsi sans doute afin que ses sœurs appréciassent davantage ses derniers avis. Qu'ont-elles recueilli de ses lèvres mourantes ? « Gardez-bien la concorde afin que quand je serai partie je puisse dire que tout marche bien ici. » C'est en d'autres termes la parole du disciple bien-aimé : « Mes enfants aimez-vous les uns les autres, c'est le précepte du Seigneur, et s'il est observé, cela suffit. » « Soignez bien les malades, » dit-elle une autre fois plus particulièrement à l'une d'elles ; une personne présente ajouta : « Vous savez, vous ma sœur Damien ce qu'il en coûte parfois, il y en a qui ne sont pas tous les jours faciles, il y en a même de méchants. » — « Ce sont ceux-là surtout, répondit-elle, qu'il faut bien soigner. » Puis elle balbutia quelques mots où l'on put saisir que sa recommandation n'était pas pour la seule infirmière ; mais pour toutes les sœurs de l'Etablissement. Des cinq religieuses composant la maison de la Ferté quatre ont vécu pendant quinze ans au moins avec sœur Damien ; n'ont-elles pas reçu assez de bons conseils, de bons exemples pour regretter la brièveté des dernières recommandations de leur Mère.

Malgré l'illusion dans laquelle sœur Damien était habituellement sur l'issue de sa maladie depuis que les vomissements avaient cessé, elle continuait néanmoins à préparer son âme pour le dernier passage. Son plus ardent désir était de communier encore. « A la Communauté, disait-elle, on porte le St Viatique aux malades tous les huit jours, » on lui promit le même avantage. Aussi, dès le lendemain de Ste Thérèse elle demandait à quel jour de la semaine on était. Le lundi 17 fut si mauvais qu'on ne pouvait plus guère différer l'Extrême-Onction ; la maladie suivait un cours bien régulier et pourtant on craignait une surprise. C'est pourquoi le mardi matin à cinq heures, les sœurs alarmées du changement qui s'était encore opéré pendant la nuit, firent venir M. le Curé qui lui proposa de faire la sainte Communion à cause de la fête de St Luc, puis ajouta : « Si le bon Dieu vous demandait le sacrifice de votre vie ? » — « Je le lui ferais volontiers, » répondit aussitôt sœur Damien — « Vous en avez donc fait de plus durs que celui-là ? » — « Oh ! oui ! » dit-elle en faisant le geste de tête d'une personne qui est sûre de ce qu'elle dit. — Eh bien, ma sœur, continua le prêtre, le bon Dieu ne vous le demande peut-être pas encore tout de suite ; mais il veut que vous le lui offriez dès maintenant : je viens pour vous proposer aussi l'Extrême-Onction. Puis, vous me demandiez tous les soirs de vous bénir, j'ai mieux que cela ce matin... » — « Quoi donc, » interrompit la sœur. — La bénédiction papale, et pour que vous soyez plus assurée de gagner l'indulgence qui y est attachée, vous allez vous confesser encore une fois. » Sœur Damien joignit les mains, leva les yeux au ciel, poussa un profond soupir de soulagement en s'écriant : « Que Dieu soit béni ! »

Quelques instants après, Notre-Seigneur était là pour la dernière communion de sœur Damien. Cette scène serait capable d'inspirer le pinceau d'un artiste, tant il y avait réunies ensemble de simplicité, de dignité et de piété. Sœur Damien était sur son lit comme sur la croix, le visage grave, calme, serein, le cierge de sa profession religieuse brûlait à côté d'elle. Pendant qu'on préparait la chambre, elle avait eu une absence, demandant alors ce qu'on faisait, pourquoi ces préparatifs ; mais une fois le St Sacrement présent, elle se rappelait tout, son âme avait retrouvé toute sa lucidité. Pour toute exhortation M. le Curé lui demanda de réciter les actes d'avant la communion : lui-même les prononça à demi-voix avec les autres sœurs, à genoux devant le T. S. Sacrement. Ce doux murmure de la prière des assistants ne couvrait pas le bruit des lèvres de la mourante, on put constater qu'elle n'omit pas une syllabe. M. le Curé se trompait aux premiers mots de l'acte d'amour, sœur Damien s'en aperçut tout de suite, et allait remettre les mots en mémoire au prêtre s'il ne se fût promptement repris. Ces actes du catéchisme de Langres font toujours naître une douce émotion quand on les entend un jour de première communion : récitez-les auprès d'un malade, vous sentirez quelle bonne préparation ils renferment également pour la dernière communion. Lorsque la chère sœur eut reçu ainsi son Dieu pour la dernière fois, elle ferma les yeux et se plongea dans la contemplation du mystère Eucharistique qu'elle possédait en elle-même. Après l'oraison marquée au Rituel, on fit en commun l'action de grâces comme on avait fait la préparation. M. le Curé sans l'avoir voulu, commença par ces paroles avant l'acte d'adoration : « Mon Dieu je vous remercie de toutes les grâces que vous m'avez faites pendant toute ma vie et de ce que vous m'avez conservé jusqu'à ce jour ! » heureuse distraction qui devait servir à formuler l'acte d'ineffable reconnaissance dont était pénétrée la religieuse mourante envers son divin Consolateur.

Elle attendit le moment des onctions les yeux baissés, les mains croisées sur sa poitrine, et, comme le divin Agonisant, prolongeant sa prière. Elle fit gravement, je dirais solennellement le signe de la croix au moment de la bénédiction papale, et encore quand le prêtre se retira avec le T. S. Sacrement. L'assistance vivement émue, était surtout profondément édifiée. A la vue d'une aussi parfaite régularité dans l'administration des sacrements, de la grande facilité avec laquelle furent exécutés les moindres détails de la cérémonie, en face d'un état mental aussi lumineux, aussi tranquille, avec l'absence de souffrance, la même pensée venait à tous : n'avait-on pas administré trop tôt la chère sœur ?

Hélas ! non, car ce fut encore le point de départ d'une nouvelle aggravation. On n'obtint plus rien de suivi dans les réponses de sœur Damien, quoiqu'on ménageât extrêmement les questions ; les instants lucides étaient les dernières lueurs d'une lampe qui s'éteint. Et pourtant quand il s'agissait de son âme et des choses de Dieu, on la retrouvait toujours la même avec son heureuse imagination. Ainsi, le mercredi soir, quand M. le Curé lui proposa de lui donner l'absolution générale du Tiers-Ordre de St François, elle l'accepta avec reconnaissance en ajoutant : « Il y a si longtemps que je ne l'ai reçue ! » (1) Après cette bénédiction, M. le curé lui fit remarquer que les jours précédents elle avait été comblée des grâces de Dieu. « Que ferons-nous donc demain ? » Elle répondit : « La bonne Mère vous inspirera. »

Cette pensée de la T. Ste Vierge ne la quittait pas. Une fois le mercredi, et deux fois le jeudi, elle étendit les bras vers un objet visible pour elle seule en s'écriant : « O ma bonne Mère ! ô ma bonne Mère ! » Etait-ce l'imagination seule avec sa foi ? était-ce une révélation surnaturelle ? peu importe, la cause de son élan vers Marie était sa tendre dévotion pour sa Mère du Ciel. Elle aimait qu'on récitât près d'elle le chapelet, les litanies de la Ste Vierge et les invocations de Lourdes. L'eau de la grotte fut son dernier aliment ; tant qu'elle le put, elle fit avant de la prendre le signe de la croix ; quand tout mouvement

(1) Elle avait été reçue dans le T. O. en 1876. Un décret de S. S. Léon XIII du mois de juillet 1886 en interdit désormais l'entrée aux religieuses des congrégations où l'on fait des vœux, même temporaires.

fut impossible on l'entendait distinctement prononcer son invocation favorite : « Ma bonne Mère. » Comme on lui disait : « Vous l'aimez donc beaucoup, la Ste Vierge? » « Oh ! oui, elle est si bonne ! » Ce même jeudi, on l'entendit réciter en latin l'*Ave Maria* et le *Libera*.

Nous multiplierions à l'infini les traits édifiants de ses derniers jours; nous devons pourtant nous limiter. Sœur Damien avait tant fait pour préparer les mourants à paraître devant Dieu, que la divine Miséricorde lui a accordé à elle-même, de ses grâces une espèce de profusion en ce moment solennel. Un ecclésiastique du voisinage disait avec admiration : « C'est vraiment un luxe de préparation à la mort; » *Nimis honorati sunt amici tui, Deus!* sans parler des prières presque continuelles des religieuses et des personnes qui s'intéressaient vivement à l'état de la malade, énumérons les secours officiels de l'Eglise : Le jeudi soir, bénédiction du Rituel pour une malade ; le vendredi matin, absolution sacramentelle suivie de la communion spirituelle puis, prières des agonisants. Vers trois heures de l'après midi récit de la Passion et des autres prières indiquées au Rituel, au chapitre de l'assistance des mourants. L'agonie se prolonge; vers neuf heures, il semble qu'il n'y a plus aucune connaissance. M. le curé donne encore l'absolution, mais sous condition, puis approche le crucifix des lèvres de la mourante en l'invitant à baiser encore une fois les pieds de Celui qu'elle a tant aimé et à qui elle a consacré sa vie ; elle retrouva sa connaissance et baisa le crucifix aussi bien que les jours précédents. Un instant après elle souhaite le bonsoir à ses sœurs et les embrasse, c'était le dernier adieu. M. le curé s'était retiré croyant bien ne plus la revoir en ce monde ; mais Dieu veut que sœur Damien ait un prêtre à son dernier soupir.

Le samedi, jour où elle avait tant désiré de mourir, à une heure du matin, elle n'a plus qu'un souffle de vie, on prévient à la hâte M. le curé. Celui-ci arrive encore à temps pour donner une dernière absolution à la chère sœur, lui suggérer quelques invocations au Sacré-Cœur de Jésus, à la Ste Vierge et à St Joseph. On se met à genoux et l'on récite une dizaine de chapelet avec l'invocation « ô Marie conçue sans péché, priez pour nous qui avons recours à vous » entre chaque *Ave ;* puis les litanies de la Ste Vierge. Après le dernier *Agnus Dei,* pendant que les personnes présentes répondaient : *Christe exaudi nos !* un léger bruit de la gorge perçu seulement par M. le curé indiqua le dernier soupir. Il commença le *Subvenite sancti Dei,* et l'assistance comprit que tout était fini quand il en vint à ces mots *Requiem æternam dona ei Domine.* Personne cependant ne fit un mouvement, ne poussa un cri, la prière se continua grave et calme jusqu'à la fin du *De profundis.* Il était temps alors de finir, les sanglots étouffaient les derniers versets. On se releva, sœur Damien n'était plus... Dix personnes avaient été témoins de la mort la plus douce et la plus chrétienne qu'on puisse désirer.

Les sœurs, anciennes compagnes de sœur Damien qui avaient voulu la soigner exclusivement dans sa dernière maladie et n'avaient accepté que pour la dernière nuit l'aide de quelques personnes de la paroisse, furent aussi chargées exclusivement des soins du corps de la défunte. Les autres personnes organisèrent à la hâte un lit de parade dans la salle d'asile des petits enfants ; c'est là qu'eut lieu l'exposition depuis le samedi à trois heures du matin jusqu'aux obsèques qui eurent lieu le lundi suivant.

Depuis le moment où les trois grosses cloches de la Ferté annoncèrent à la paroisse le deuil qui la frappait, les fidèles se succédèrent sans interruption, jour et nuit dans la chambre ardente. M. le Maire et les notabilités de la commune vinrent le jour même de la mort jeter l'eau bénite et exprimer dans une visite de condoléances les regrets que leur causait une perte si douloureuse.

Les obsèques furent ce qu'elles devaient être, un deuil universel. A dix heures, M. le curé de la Ferté faisait la levée du corps ; dix sept prêtres étaient présents. Les Enfants de Marie vêtues de blanc portaient le cercueil ; le deuil était conduit par M. l'abbé Marchal, supérieur de la Providence, par M. le chanoine Briffaut, confesseur des religieuses, et par M. l'abbé Rabiet, aumônier du Pensionnat. La Communauté était représentée par la R. M. Supérieure générale, par sœur Vincent, Econome de la maison Mère, par sœur Marie-Joseph, directrice de l'Ouvroir, et par les nombreuses sœurs venues de tous côtés aux funérailles de leur chère sœur Damien. En tout, quarante-huit religieuses assistaient à l'office. Les Matines furent présidées par M. le Doyen de Chateauvillain qui fit également l'absoute. M. le curé de la Ferté chanta la grand'Messe pendant que deux messes basses étaient célébrées aux autels latéraux. Avant l'absoute, il monta en chaire et lut l'allocution suivante que nous reproduisons ici comme un résumé de tout ce travail et des leçons qu'il renferme.

« Mes Frères,

« Un grand deuil vient de frapper à la fois cette paroisse et la Communauté de la Providence de Langres.

« Dans la mort de sœur Damien, nous perdons celle qui pendant plus de trente-six ans a été votre secours dans toutes vos misères, votre consolation dans toutes vos tristesses, votre sœur, j'allais dire votre mère toute dévouée, tous les jours, à toutes les heures du jour et de la nuit. La Communauté perd une des assistantes de la R. M. Supérieure générale, une des colonnes de l'administration par sa sagesse et son dévouement sans borne, un des modèles les plus accomplis de la vie religieuse.

« Pourrons-nous, mes Frères, pourrez-vous, mes chères sœurs, exprimer le chagrin que cause à nos cœurs une perte aussi douloureuse ? Esprit de Dieu, vous ne nous défendez pas la tristesse ; mais vous voulez seulement qu'elle ne soit pas comme celle de ceux qui sont sans espérance. Aussi, M. F. ne viens-je point tarir vos larmes, mais essayer d'en adoucir l'amertume en remettant sous vos yeux quelque chose de la vie et des œuvres de celle que vous pleurez.

« C'était une nature heureusement dotée. Elle se caractérisait par une sensibilité exquise, un esprit droit et large, une volonté virile, et cela servi par une vigueur corporelle peu commune. Le nom de Félicie qu'elle avait reçu au Baptême lui prophétisait en quelque sorte le bonheur de son existence. Elle pouvait avec ces dons de la nature se créer ce qu'on appelle dans le monde une belle position ; les esprits superficiels purent même croire pendant vingt et un ans qu'elle se préparait cet avenir. Mais un homme de Dieu, M. Mouillet, curé de Bouzancourt étudiait et cultivait cette âme d'élite; elle n'avait pas fait sa première communion que déjà elle faisait habituellement son oraison, et devait de temps en temps rendre compte à son guide spirituel de la manière dont elle s'y comportait. Grâce à l'oraison elle put se conserver une jeunesse immaculée et, à l'heure de Dieu, faire le dur sacrifice de quitter son père et sa mère pour suivre Notre-Seigneur Jésus-Christ. Il fut bien dur ce sacrifice, puisque le père de sœur Damien ne put survivre à son départ. Le monde ne comprend pas de semblables situations; il voit souvent une malheureuse enfant contracter une alliance qu'il juge funeste pour l'avenir, et il l'approuve. Mais si une jeune fille sent son âme s'élever au-dessus des affections terrestres, et fixe dès ici bas son cœur dans l'amour sacré de Jésus, alors ce même monde s'émeut, s'irrite, comme s'il ne pouvait y avoir de voies légitimes que celles qu'il offre avec ses tourments, ses tortures. Peu importait à sœur Damien le jugement du monde; elle partait courageusement où Dieu la voulait. Avec cette générosité de cœur qu'elle eut toute sa vie, elle vint au couvent de la Providence se former par l'étude et les exercices pieux du noviciat, à la pratique des devoirs d'une bonne religieuse. Elle eut l'avantage de connaître plusieurs de celles qu'on appelait les anciennes sœurs, celles qui avaient commencé la Congrégation du vivant de M. Leclerc. Elle apprit de ces anciennes à vénérer comme un saint le pieux fondateur de la Providence, et conçut un attachement particulier aux règles écrites par les premiers supérieurs ; elle n'en parlait jamais qu'en les appe-lant : « Nos saintes constitutions. »

En sortant du Noviciat, sœur Damien fut placée comme institutrice à la maison de Chaumont ; elle n'y resta que trois ans. Elle avait alors vingt cinq ou vingt six ans, elle fut trouvée assez mûre pour la direction d'une maison.

« L'établissement de la Ferté était à cette époque dans une période de formation ; on faisait l'essai loyal des bienfaits de l'éducation donnée par des religieuses. Sœur Damien y vint, fixa les esprits hésitants et fit disparaître les indécisions par ses aptitudes variées, par ses manières franches et ré-servées en même temps, disons, chrétiens, par ses vertus et sa prière.

« Elle a donc commencé en septembre 1847 la vie que vous lui avez vu mener jusqu'en février 1884. Ici, M. F. je n'ai qu'à laisser parler vos souvenirs, ils sont vivants encore. Votre nombre le prouve non moins que la consternation où vous a jetés son départ il y a quatre ans, et sa mort il y a trois jours. Que dire?... Il y a tant à dire ! Com-ment l'exprimer d'une manière digne de vos senti-ments ?

« Comme le Sauveur Jésus, son divin époux, elle peut aujourd'hui vous adresser cette parole : *Quid ultra debui facere et non feci?* « Qu'ai-je dû faire que je n'aie fait? » Elle a instruit vos enfants pendant douze ans, elle a veillé sur vos jeunes filles pour les conserver pures et former leurs âmes afin qu'elles devinssent un jour des mères vraiment chrétiennes ; elle a catéchisé les enfants à nature ingrate qu'on n'aurait pu sans cela admettre à la première communion. En même temps, elle travaillait à l'honneur du sanctuaire, entretenant la propreté du lieu saint et la netteté des linges sacrés, décorant les autels, érigeant des reposoirs, pourvoyant à la pompe de nos cérémonies. Et puis, vous veniez la chercher au milieu de ces graves occupations; elle quittait tout pour aller au chevet des malades. Là, elle soignait le corps et l'âme, se dépensait, se donnait pour procurer quelque soulagement. Et, si le succès ne couronnait pas ses efforts, s'il n'y avait pas de guérison, vous la voyiez venir, revenir, revenir encore infatigable jusqu'au dernier moment. C'est elle qui voulait réciter les prières des agonisants, ensevelir vos morts, pleurer avec vous, et souvent placer vos orphelins. Que de scènes déchirantes ces quelques mots rappellent!... Il n'y a pas une maison où sœur Damien n'ait assisté des mourants, enseveli un ou plusieurs morts : plus de huit cents corps ont reçu d'elle les derniers honneurs!... Et les épidémies, et les calamités publiques, et les chagrins de famille, rien ne trouvait sœur Damien insensible, rien ne pouvait l'arrêter.

« Dirai-je qu'en même temps elle s'attachait comme des enfants, les compagnes que les supérieurs lui envoyaient pour auxiliaires, et leur inculquait par son exemple et ses leçons les principes si graves et si consolants de la vie religieuse.

« Tant d'actions de zèle et de charité ne l'enorgueillissaient pas; elle voyait la gloire de Dieu, le bien du prochain, le devoir de la religieuse et elle ne songeait pas un instant au mérite qui lui en revenait.

« Elle avait soixante ans qu'elle pouvait encore

tout entreprendre; mais alors, elle commença à sentir qu'il y a pour tout le monde, même pour les plus robustes constitutions, un âge où les forces vont à leur déclin. Il lui devenait plus pénible de monter nos ruelles, de se relever la nuit pour les malades; mais elle le faisait quand même et toujours de bon cœur. Que de fois ne l'avons-nous pas vue au retour de sa tournée s'affaisser brisée de fatigue! puis, se relever tout-à-coup et dire : « Allons, marchons; au bout, le bout; on se reposera après. »

« C'est au moment où elle aurait eu besoin d'allégement dans ses fonctions à la Ferté, qu'elle fut appelée par les suffrages du Chapitre de la Congrégation à remplacer sœur Amélie en qualité d'assistante de la chère Mère, et de visiteuse des Etablissements. Fonctions de confiance, sœur Damien en était digne; fonctions délicates, sœur Damien en était capable; fonctions pénibles, sœur Damien ne reculait pas devant la peine : elle est morte à la peine. Une santé neuve s'y fût promptement altérée; celle de sœur Damien commençait à défaillir, elle ne pouvait fournir une longue carrière.

« Quel sacrifice pour son cœur que son départ de la Ferté ! nous avons pu en savoir quelque chose par la douleur du nôtre. Le Seigneur les a tenus pour agréables. Il a béni ces trois années du ministère de sœur Damien à la Maison-Mère. Vous me disiez hier, Monsieur le Supérieur, « qu'elle y avait fait énormément de bien en très-peu de temps. » La discrétion ne me permettait pas de vous demander ce que notre chère sœur était dans les conseils de votre Communauté, ni les détails de sa vie comme

assistante et comme visiteuse ; mais, malgré le
silence et la retraite du couvent il nous est revenu
d'ailleurs et bien des fois, que sœur Damien était en
tout un modèle d'obéissance et d'esprit religieux.
Rien n'était petit, rien n'était indigne d'elle. On la
trouvait dans sa cellule consolant une pauvre sœur
des peines qu'elle venait de subir dans le monde
d'aujourd'hui. On la revoyait à l'infirmerie, auxiliaire du médecin reprenant ses fonctions de prédilection auprès des membres souffrants de N. S.
Vous la rencontriez jusque dans les sous-sol prépa-
rant les légumes afin de montrer à toutes ses sœurs
qu'aucun emploi n'est méprisable quand on peut s'y
sanctifier.

« Au dehors ; qui dira jamais ce qu'elle a souffert dans ses courses à travers le département, pour
des missions souvent ingrates, toujours difficiles !
Quelques exclamations de la pauvre sœur m'ont fait
soupçonner qu'elle eut à faire des sacrifices plus durs
que celui de sa vie. Dieu, encore une fois, les a eu
pour agréables.

« En revenant il y a six semaines, sœur Damien
épuisée nous disait : « J'ai tout donné, et de bon
cœur, on fera ce qu'on pourra ; je viens me reposer
ici. » Eh ! oui, c'est parce que elle a fait tant et de si
généreux sacrifices que le bon Maître, que la bonne
Mère du ciel lui ont accordé la consolation de venir
apporter ici ses dernières paroles d'édification, ses
dernières actions saintes, les derniers battements de
son riche cœur..., son dernier soupir... Et la divine
Providence nous accorde de donner le suprême asile
à la dépouille mortelle de celle qui fut notre très-
chère sœur Damien.

« Trois amours ont alimenté pendant quarante-cinq

ans ce cœur que la mort vient de glacer : l'amour de Jésus dont il a éprouvé souvent les ardeurs sensibles ; l'amour de sa Communauté, il l'a poussée jusqu'au sacrifice de sa vie ; on ne va pas plus loin en ce monde, a dit Notre-Seigneur ; l'amour de la Ferté où elle a sanctifié sa vie en vous faisant du bien à tous. Ces trois amours chez elle n'en faisaient qu'un, la charité qui demeure éternellement.

« Elle vous aime, ô mon Dieu, sans pouvoir défaillir jamais ; elle vous aime, mes chères Sœurs, elle vous aime, mes très chers Frères ; c'est vous dire qu'elle ne cessera de vous aider, de vous secourir. Et pourtant, que notre espoir, si ferme qu'il soit, ne nous fasse pas oublier notre devoir qui est de prier pour le repos de son âme. Sœur Damien n'a jamais souhaité d'autre marque de reconnaissance qu'un souvenir dans vos prières ; ne le lui refusez pas. *Requiescat in pace ! Amen !* »

Après les dernières prières faites à l'église, le corps fut conduit au cimetière. Une pluie torrentielle empêcha la régularité de cette touchante cérémonie, Dieu l'ayant ainsi permis afin d'éviter des déchirements et des émotions qui eussent peut-être tranché par trop sur le calme de cette belle vie et de cette douce mort. Et maintenant, le corps de sœur Damien repose au milieu du cimetière, au côté nord de la grande croix. C'est là que viendront prier ceux qui auront gardé le souvenir de ses bienfaits. C'est de là qu'elle se relèvera glorieuse, nous l'espérons, avec ceux qu'elle a ensevelis dans le Seigneur.

CONCLUSION

Mes chères Sœurs,

Le vingt-cinq août mil huit cent quarante-quatre était un jour de prise d'habit à la Providence de Langres. Monseigneur Parisis daignant recevoir les nouvelles religieuses, leur rappela à propos de la fête de saint Louis qu'elles étaient des reines, parce qu'elles étaient les épouses d'un Grand Roi, puis il les bénit paternellement. Sœur Damien était du nombre ; après la bénédiction commune, Monseigneur la fit remettre à genoux en disant : « A vous, ma chère enfant, je veux donner une bénédiction particulière. »

Cette bénédiction particulière a vraiment donné à la vie de sœur Damien un caractère à part. Elle restera dans les souvenirs de votre Communauté comme une figure marquante entre toutes. Beaucoup n'ont point connu sœur Françoise, un certain nombre déjà n'ont point connu sœur Joseph autrement que par les écrits composés sur leur vie. Cependant toutes les sœurs de la Providence ont en elles une impression qui est une tradition de famille et qui leur représente ces deux religieuses avec une physionomie à part. A côté de ces souvenirs, se placera celui de sœur Damien. Et pourtant celle-ci n'a point gouverné la Communauté, ni travaillé à l'amélioration des statuts ; vous ne la verrez pas fonder votre Maison, mais elle vous apparaîtra avec la règle telle qu'elle est, s'occupant sans cesse de la mettre en pratique sans songer à y introduire aucune modification, aucun perfectionnement. En méditant sur sa vie, vous aurez devant les yeux le modèle d'une religieuse qui ne veut pour se sanctifier que la soumission la plus entière à la règle et à ses supérieurs.

Peut-être que dans votre affection pour elle et dans l'admiration où vous jetaient parfois ses vertus, vous avez espéré qu'un jour elle serait appelée à gouverner votre Congrégation ; votre chère Mère en voyant la constitution exceptionnelle de son amie intime a pu, elle aussi, songer un instant à se décharger du lourd fardeau de la supériorité sur des épaules d'apparence plus robustes : ces vœux qui font l'éloge des vivants non moins que de la défunte, ne devaient, ne pouvaient pas se réaliser. Dieu n'avait point doué sœur Damien pour cette haute mission. La supérieure doit avoir de l'autorité et du cœur ; mais l'autorité doit dominer le cœur. Chez sœur Damien, il y avait bien l'autorité et le cœur, mais le cœur dominait l'autorité, elle devait avoir une mission d'auxiliaire, c'est le caractère distinctif de sa vocation. Elle était bien dans son rôle providentiel en exerçant les fonctions d'Assistante, auxiliaire de la chère Mère ; elle devait y mourir un peu plus tôt ou un peu plus tard sans s'élever plus haut.

Ce rôle d'auxiliaire est facile à constater : faites repasser dans votre mémoire les années de son séjour à la Ferté, vous la trouverez auxiliaire du curé dans l'éducation des enfants et l'assistance des mourants, auxiliaire du médecin dans le soin des malades, auxiliaire de la charité par ses distributions de secours au nom du Bureau de bienfaisance et des particuliers. En tout cela elle a réalisé une parole de Notre-Seigneur Jésus-Christ : « Que celui qui veut être le premier dans mon royaume soit comme le serviteur des autres. » Servir les autres et s'oublier soi-même, telle paraît avoir été la devise de sœur Damien, elle nous résume sa vie et ses leçons, elle sera la formule de nos souvenirs comme la seule épitaphe à placer sur son tombeau.

FIN

TABLE DES MATIÈRES

www.ingramcontent.com/pod-product-compliance
Ingram Content Group UK Ltd.
Pitfield, Milton Keynes, MK11 3LW, UK
UKHW031833170726
13836UKWH00004B/1668